Mit dem anderen Auge

ODIN: Nordgerman. Name des germanischen Göttervaters Wo-
tan. Trank laut Snorris »Edda« (um 1220) Weisheit aus dem
Brunnen des Riesen Mimir und musste diesem als Pfand sein
eines Auge geben. (Aus einer Handschrift des 18. Jh.s)

Peter Wapnewski

Mit dem anderen Auge

Erinnerungen 1922–1959

BERLIN VERLAG

Nitza,
der Freundin der Kunst,
der Katzen und der Pflanzen
Dankend für 1971 ff.

Band II erscheint im Jahr 2006

2. Auflage 2005
© 2005 Berlin Verlag GmbH, Berlin | Alle Rechte vorbehalten |
Umschlaggestaltung: Nina Rothfos und Patrick Gabler, Ham-
burg | Typografie: Renate Stefan, Berlin | Gesetzt aus der Stem-
pel Garamond durch psb, Berlin | Druck & Bindung: Ebner &
Spiegel, Ulm | Printed in Germany 2005 | ISBN 3-8270-0380-6

Inhalt

I. Ein Vor-Wort

Mit dem anderen Auge

Es war wie ein Peitschenschlag, nicht mehr, nicht weniger. Ein Peitschen über die linke Gesichtshälfte. Der Ort: Irgendwo unweit des Don, südöstlich von Rostow. Die Zeit: 30. Juli 1942.

Das Geschoss, vermutlich aus einer Panzerbüchse, hatte seinen Weg in unseren Panzer (»Fünfzentimeter Langrohr«) gefunden und explodierte im Innern. Da ich den Kopf nach rechts gewandt hatte, zum Sehschlitz, trafen die vielen kleinen Splitter lediglich seine linke Partie. Mit der Folge, dass ich schließlich das linke Auge verlor. Damals war ich neunzehn, und seit jenem Augenblick weiß ich nicht mehr, wie es sich ausnehmen mag, die Welt mit zwei Augen zu sehen. Aber ich weiß, dass dieser Verlust ein Gewinn war. Er hat mir das Überleben geschenkt. Denn es ist unschwer auszurechnen, dass ich zu der großen Mehrheit meiner Jahrgänge gezählt hätte, die dieser Krieg erbarmungs- und sinnlos verschlungen hat, wäre ich an der Front geblieben.

Als ich dann, vom Lazarett beurlaubt und mit bandagierter Kopfhälfte, in der alten Berliner Universität mich dem verehrten Eduard Spranger vorstellte, um Aufnahme in sein Seminar (*Platons Symposion*)

ersuchend, ließ er sich vernehmen mit Trostgebärde:
»Ein Freund von mir hat mit einem Auge ein langes
reiches Gelehrtenleben gelebt.«

Ob er Ähnliches von meinem Fall je würde gesagt
haben, steht dahin. Wohl aber trifft zu, dass ich die
Chance wahrzunehmen versuchte, die mir das andere,
das gerettete Auge gab.

Das andere Auge, auf sich gestellt, lässt mich weniger umsichtig sehen und hebt die Plastik des visuellen
Eindrucks auf. Der Blick ist eingeschränkt. Das be-
deutet einen Mangel. Es mag aber auch sein, dass der
Defekt seinen Schaden ausgleicht: Die Beschränkung
darf zwar nicht leichthin allemal behaupten, den Meis-
ter zu machen, wohl aber mag solche Einseitigkeit des
Blicks den Vorzug behaupten einer Konzentration auf
das, was für dieses Leben wesentlich war.

GELEITE

Die Alten kannten ein literarisch-poetisches Kunstgebilde, das sie *Cento* nannten. Ein lateinisches Wort, das einen Flickenteppich bezeichnet. Sobald Literatur sich als Literatur empfindet, setzt sie an, mit sich zu spielen. Das meint, sie wird ihr eigenes Gedächtnis, bemächtigt sich des Bekannten und Geläufigen und nimmt Bilder und Gedanken, nimmt Formen und Formeln, die jeder, der hören und lesen kann, als vertraut empfindet, – und nun wird mit diesen Elementen nach Herzens- und Sinnes- und Gedankenlust umgegangen: Im Stile der Parodie, der Travestie, der Kontrafaktur.

Solch hochartifizielles Verfahren ist hier nicht angestrebt. Vielmehr verdankt der Autor seine Stücke dem eigenen Vorrat; er näht sich einen Flickenteppich aus den Materialien, die er sich bereitstellt oder vor Zeiten schon bereitgestellt hat. Und vertraut der Behauptung, dass dieses Gebilde in seiner alle Balance und Proportion und Harmonie missachtenden Eigenwilligkeit ein Kunstwerk ist der eigenen Art, nicht zwar selig in ihm selbst scheinend, aber doch sich behauptend in all seiner gebändigten Willkür.

Praktisch ausgedrückt: Es liegt hier kein organisch

sich entwickelnder Text vor, der Zeugnis ablegte von einer organisch sich entwickelnden individuellen Substanz. Der man gern ihre literarische Spiegelung zuschrieb im so genannten Entwicklungs- und Erziehungsroman. Hier will vielmehr ein mannigfach zerstückeltes, unausgewogenes und in unkontrollierten Schüben sich fortlebendes Leben Zeugnis ablegen von der Zeit, die seine Zeit war und die mit ihm umgegangen ist nach einem sehr willkürlich scheinenden Belieben.

Da hat er selbst kaum je das Bewusstsein gehabt, Herr seiner selbst zu sein. Hat aber staunend zur Kenntnis genommen, wie seine Zeit mit ihren Genossen umsprang, – auch mit ihm. Eine Zeit, von der er zu wissen meint, dass sie höchst eigentümlich war, und von der er überzeugt ist, dass man ohne ihre Kenntnis ein Fremder ist in eigener Gegenwart.

Kein Selbstporträt also, kein Ich-Gesang, kein Monodrama, keine Solonummer. Das »Ich«, weil schreibend nicht zu vermeiden, ist nicht der eigentliche Gegenstand dieser Seiten, sondern nur eine Stilfigur. Die Absicht des Schreibenden ist in umso höherem Maße erfüllt, als es ihm gelingt, sein Ich zu tilgen. Und damit sei erklärt, warum das private Persönliche abgedeckt, verdrängt, unterdrückt ist, – wie immer man es formulieren mag. Keine anheimelnden Erlebnisse, die von nichts anderem künden als von Freud und Leid des Subjekts, nichts also von Liebe und Trennung und Wehmut und Erwartung, der Held ist keiner, sondern die Zeit ist der Held. Ein

trauriger Held oft und oft, – und davon soll die Rede
sein.

Max Frisch gab der Veröffentlichung seines *Tagebuch 1946–1949* einige Worte *An den Leser* mit, aus
denen ich wiederum einige Zeilen auf meine sehr
andere Position zu beziehen mir herausnehme. Das
»Schreibrecht« des Verfassers, heißt es dort, sei eines,
das »niemals in seiner Person, nur in seiner Zeitgenossenschaft begründet sein kann, vielleicht auch in seiner besonderen Lage als Verschoner ...«.

In meinem Großelternhaus hingen keine Gainsboroughs ... Wohl aber einige gute Bilder, darunter die
spröden Landschaften von Hans Peter Feddersen, die
Male seiner nordfriesischen Heimat wiedergebend. Er
brachte es zu einigem Ruhm und starb 1941. Diese
Bilder liebten meine Eltern, – und so kam ich zu meinem Vornamen, der ich pränatal eigentlich »Malte«
geheißen hatte. Hans Peter – kein Doppelname mit
Bindestrich, wie eine Zeit lang populär. Und von
allem Beginn an vereinfacht auf das simple »Peter«.

Der alte Freund und Kollege Walter Jens bekundete, er habe den Versuch, Lebenserinnerungen zu
schreiben, abgebrochen, denn: »Ich bin mir nicht interessant genug!« Ein Donnerwort, ein Wahrwort, ein
Wort, das sich als Barriere sperrend vor mein Schreiben zu legen drohte.

Bis ich es als Bekräftigung meiner Linie empfand.
Nicht das »Interessante« an meinem Ich wollte ich
spiegeln, sondern das, was diesem Ich als interessant
erschien. Zum Leitfaden wurde das asketische Wort

des großen Ranke: »Ich möchte mein Ich auslöschen.«
Das kann nicht absolut gelingen, dem Rezipierten ist
immer auch ein Teil des Rezipienten anhängig. Das
Teil aber war so gering zu halten wie irgend möglich.
Nichts Privates also, nichts von dem lediglich und
ausschließlich das protokollierende Individuum Be-
treffende. Was ihm widerfuhr an Glück und Enttäuschung, an Liebe und Lieblosigkeit, an augen- und
ohren- und herzöffnenden Begebnissen ist für die Welt
nicht »interessant«, und mithin hier zu verschweigen.
Keine *Confessiones* also und keine *Confessions*, um
die beiden berühmtesten aller Memoirentitel zu zitieren.

Nun ist es aber offensichtlich, dass dieses puristi-
sche Prinzip ein Akt der Ungerechtigkeit ist gegenüber Werken und Taten und Menschen, die meinem
privaten Ich wert waren und es geprägt haben. Ihnen
zuliebe weiche ich gelegentlich ab von der strengen
Linie des vorgezeichneten Weges und lasse sie zu
Worte und zu Gesicht kommen. Nicht in der behag-
lich raunenden Schilderung des epischen Imperfekts,
vielmehr in Augenblicksbildern, die der Wahrheit des
Fragmentarischen verpflichtet sind.

Da sind die beiden Frauen, die meine Ehefrauen
wurden. Caroline aus dem geschichtsträchtigen ost-
preußischen Hause der Finckensteins, die mich 16 Jahre begleitet hat – durch Jahre der Gefährdung, Un-
sicherheit und Entbehrung (1943–1959). Dann Monica
aus Hamburg-rheinischem Kaufmannsgeschlecht (und
im Tun wie Betrachten lebhaft der Kunst ergeben),

die ich 1971 im badischen Ettlingen heiratete. Sie beide, so wesensverschieden sie sein mögen, sind sich doch gleich, weil mir überlegen in der Sicherheit des Stilgefühls. Unter den vielen Gaben, die ich ihnen verdanke, sei nur diese eigens erwähnt. Monica brachte aus ihrer ersten Ehe zwei Kinder mit, Ruth und Philipp, und bei dem Versuch, an ihrer Erziehung teilzuhaben, konnte ich viel lernen.

Sicherheit des Stils, – diese weit über den ästhetischen Aspekt hinausgehende Eigenschaft gilt auch für die älteste der weiblichen Freundschaften: die mit Maria, genannt Bebsie, aus Hamburger Kaufmannsadel (und also jüdisch veredelt). Die mit ihrem Lachen und der Welthaltigkeit ihres Witzes des Lebens Abgründigkeit nicht überspielt, sondern offenbar macht, und sie ertragen hilft.

Der älteste männliche Freund, Schulkamerad an der Alten Kieler Gelehrtenschule, ist der Mediziner Werner Creutzfeldt. Arztsohn und Arztbruder (der Neurologe Otto, mir obwohl jünger nicht minder nahe stehend, starb im Jahre 1992). Heute als weithin anerkannter Internist Emeritus in Göttingen. Seine erste Frau Heinke, so schön wie klug wie liebenswert, kam 34-jährig auf der Fahrt von Freiburg zum Straßburger Münster bei einem Autounfall ums Leben. Ich war, als sie und ich noch aufs Gymnasium gingen, herzlich verliebt in sie, – aber sie heiratete meinen Freund und tat gut daran.

Bevor ich mich nun, von meinem Ich so weit als möglich absehend, der Darstellung dieses Lebens in der Zeit (und deren Spiegelung in diesem Leben) widme, stehe als erstes und letztes Wort der Dank.

Oft als flüchtige Üblichkeit abgetan, dem Wohlverhalten geschuldet, kann ich ihm hier nicht deutlich genug Ton und Farbe geben. Dank zum einen dem Wissenschaftskolleg, mir verbunden wie ich ihm seit einem Vierteljahrhundert, und seiner/meiner Mitarbeiterin Christine v. Arnim, die sich meiner Erinnerungen annahm als seien sie die ihren. Nächst ihr transformierte Mathild Reuter das wirre Manuskript in den Stand der Reinheit (da ich störrisch mich, als es noch Zeit war, geweigert habe, eine Computertaste anzurühren).

Ich danke dem Berlin Verlag, das heißt Elisabeth Ruge und Arnulf Conradi und Julia Graf für ihr Vertrauen, das sich umsetzte in Geduld und helfenden Rat. Ihnen und mir stand zur Seite Matthias Weichelt. Sie glaubten an das Gelingen, das dem Autor im Laufe der Jahre oft zweifelhaft erschien. Ohne sie gäbe es dieses Buch nicht.

Den aber, der es geschrieben hat, gäbe es nicht ohne sie, von der die Widmung spricht.

Berlin, im Sommer 2005
P. W.

II. In die Zukunft ziehn wir Mann für Mann

ALLER ANFANG

Kiel, Bartelsallee 8. Siebter September 1922, abends halb sieben. Eine häusliche Geburt, im Haus des Vaters der jungen Mutter, Zimmer im ersten Stock, der Balkon verdeckt vom Kirschbaum, aus dessen Ästen das Neugeborene in späteren Tagen das offene Fenster erklettern wird. Der Großvater Ernst Hennings, Rechtsanwalt, Respektsperson ganz und gar, und Kindern in friedlicher Distanz eher abhold. Viel Musik im Haus, denn Elvira, die Großmutter, war eine brillante Pianistin, der man Konzertreife bescheinigte. Aber der Weg zum öffentlichen Auftritt war ihr verwehrt, so wollte es die bürgerliche Konvention. Holsteiner alle beide, er, der Sohn des Apothekers und zweiten Bürgermeisters der Stadt Husum (der nachbarlich befreundet war mit Theodor Storm). Sie, Elvira, die Tochter des Provinzial-Baurates Matthiesen, der verantwortlich war für die Regulierung der Gewässer im Holsteinischen. Mit glückverheißendem Stammbaum: Auf der Insel Föhr kann man heute noch südlich der Kirche St. Laurentii (in Süderende) den Grabstein bestaunen, der dem Kommandeur und Walfänger *Matthias*, gestorben 1706, nachruft, dass er in grönländischen Gewässern INCREDIBILI SUC-

CESSU 373 BALENAS, Walfische also, harpuniert habe. Was ihm, so weiter in Latein gehauen, »nach Aller Urteil den Beinamen FELICIS, des Glücklichen« eintrug. Das Wappen des glücklichen Matthias mit dem fontänespeienden Wal prägt den Siegelring der Familie Hennings.

Dem Wappen hingegen der Familie Wapnewski misstraute ich und hielt es mit seinem Baum- und Kreuzemblem für gefälscht. Großvater Maximilian, in Danzig geboren und verantwortlich für den polnisch klingenden Namen, war Verwaltungsoffizier der großkaiserlichen Marine, verabschiedet im Range eines Korvettenkapitäns. Viel musikalische Klänge auch in dieser Familie, Klavier und Gesang unter den Kindern. Der Erste Weltkrieg sorgte gleichwohl dafür, dass mein Vater Harald sich traditionsgemäß zum Dienst in der Marine meldete und sein erstes Leben abschloss im Juni 1919, als er als Kommandant sein Torpedoboot in Scapa Flow versenkte, wie das Gesetz es befahl. Seine Versuche, im zivilen Leben Fuß zu fassen mit bürgerlicher Tätigkeit, waren nicht eben vom Glück begünstigt, er bewährte sich flüchtig in künstlerischen wie kaufmännischen Berufen, heiratete 1921 die Tochter Gertrud des Dr. Ernst Hennings und starb sieben Jahre später im Alter von 32 Jahren, seiner Witwe zwei Kinder hinterlassend. Eines davon, (Hans) Peter, war ich; neben mir, zwei Jahre jünger, die Schwester Marianne.

Meine Mutter, eine von drei Töchtern, schlug aus der Art. Sie verließ die Höhere Töchterschule von

Frau Kraus vor dem Abitur und wandte sich mit Passion dem Beruf der Schauspielerin zu. Nicht eben ermutigt, aber auch nicht gehindert durch ihre Eltern und zu früh bewunderter lokaler Größe aufwachsend. So spielte sie denn mit 19 und 20 Jahren schon an den Städtischen Bühnen der Heimatstadt Kiel ihre großen Rollen: die Iphigenie, die (Klara) Maria Magdalena, die Maria Stuart, die Antigone. Höhen, die sie später nie mehr erreicht hat, als sie in die Rollenfächer der Salondame oder der mütterlichen Figur hinüberglitt. Doch erinnere ich mich, dass ich, wohl als Zwölfjähriger, sie in Hebbels *Nibelungen* sah, wo sie die Brünhild spielte und abtrat mit einem fürchterlichen »Rache!«-Ruf. Drei Mal, jedes Mal lauter hallend, und den Sohn genierte das sehr.

Kinderspiele, Jugendzeit. Nicht so unbeschwert, wie das sentimentale Klischee will, aber auch nicht sonderlich mühsam. Der Kindergarten bei Tante Anna oder Tante Elisabeth, dazu viel Umgang mit den Dienstmädchen im großväterlichen Haus. Die Autobiographien aus großen Häusern machen deutlich, wie bestimmend der Einfluss des »Personals« auf das heranwachsende Kind ist. Was in den höheren Kreisen für den Einfluss von Erziehern, Hauslehrern und Ammen gilt, schlägt sich auch in beschränkteren Verhältnissen nieder. Erziehung durch Dienstmädchen.

Wie oft habe ich, auf dem Bauch liegend oder in einer Ecke hockend, in der Küche oder Vorratskammer Bilder angeschaut oder plappermündigen Geschichten gelauscht; und von Annie, die einst in Italien gedient hatte, lernte ich das Lied der jungen Fascisten, noch bevor ich ahnte, dass es ähnlich auch bei uns tönen würde: »Giovinezza, Giovinezza …!« Auch die erotischen Anekdoten, in Schlüsselworten ausgetauscht zwischen Maria und Martha, blieben, wiewohl im Kern unverstanden, zäh und unruhstiftend haften.

Diese Dienst-Mädchen hatten nicht eben das, was man ein leichtes Leben nennen könnte. Ich erinnere, dass sie jeden zweiten Sonntag »frei« hatten – und entsprechend in der alternierenden Woche am Mittwoch Nachmittag. Und wollten sie abends noch einmal das Haus verlassen, bedurfte es der Erlaubnis der Hausfrau (die nie anders als »gnä' Frau« angeredet wurde). Ich vermute, auch aus pädagogisch-juristischen Motiven, die »Herrschaft« rangierte zumindest bei noch nicht 21-jährigen Angestellten *loco parentis*.

Die Verfügung über Personal erweckt den Eindruck von materieller Üppigkeit. Soweit aber ich diese Zustände miterlebt habe, vertrugen sie sich sehr wohl mit einer Haltung der präzisen Sparsamkeit. In einem der bestausgestatteten Häuser Kiels erlebte ich, dass zu jeder Mahlzeit der Hausherr zur Rotweinflasche griff, – seine Frau und die erwachsenen Kinder hielten sich hingegen an Tee. Von meinem Großvater wusste seine Tochter, meine Mutter, zu berichten, dass er, zufällig des Tabletts mit dem Abendbrot für die drei Kinder gewahr werdend, das Kindermädchen zurechtwies. »Eine Hälfte genügt!« Das meinte: Jede

Brotscheibe sollte, nur zur Hälfte belegt, zusammengeklappt werden ...

Man verstehe das nicht falsch: Diese bürgerliche Gesellschaft erachtete Sparsamkeit nicht als ein ökonomisches Prinzip, sondern als ein sittliches. Und so gab es das Frühstücksei auch nur am Sonntag. Ein Taxi zu benutzen galt als verschwenderische Vermessenheit, die Straßenbahn tat es auch.

Ich habe »die Elektrische« noch mit offenem Perron an Wagenspitze und -ende erlebt. Wie auch den offenen Oberstock des (Berliner) Autobusses. Ich sage *Perron* – und mir fällt darüber ein, dass wir auch *Coupé* sagten und natürlich *Billet* und *Trottoir*. Auch wohl *Cache-nez* und *Etui*, und wenn wir mit dem *Cousin* Karten spielten, dann hießen die Farben *Cœur*, *Pique*, *Caro* und *Treff* (frz. *trèfle* = Klee), und der Glückliche hatte ein *à tout* in der Hand, als »Trumpf«.

Was den erwähnten Großvater mütterlicherseits angeht, so habe ich ihn übrigens nie eine laute Tonart, geschweige denn einen Fluch benutzen hören. Der andere Großvater hingegen, seemännischer Tradition eingedenk, konnte sich zu einem von ihm als vernichtend erachteten Fluch ereifern. Die schärfste aller ihm vertrauten Versionen lautete: »Potz Blitz noch Eins!« Daran habe ich gelegentlich gedacht, wenn ich in Reih und Glied stehend dem Gebrüll des Hauptfeldwebels der 5. Kompanie ausgesetzt war, sein Fluchen tönte grell wider, zurückgeworfen von den Kasernenwänden: »Gottverfluchte Hurenscheiße!« Da schieden sich Herkunft und Zeiten. Also Welten.

Die Eisenbahn – wieder ein liebes altes Wort – bot damals drei Klassen an. In der dritten, der Holzklasse, reiste man dann am bequemsten, wenn man sich das *Coupé* – also Abteil – »Für Reisende mit Traglasten« aussuchte. Und nach dem ersten Halt seinen Reiseproviant auswickelte aus dem Butterbrotpapier: Das waren die »Hasenbrote«. Den Speisewagen des D-Zugs aufzusuchen galt als Luxus, wenn nicht Snobismus.

Hatte man eine Fahrt in einen Kurort gebucht, so konnte man nach der Ankunft vor dem Bahnhofsportal die lange Front adrett uniformierter Hausdiener abschreiten, streng geordnet gemäß der Hierarchie der Hotels. Das begann in Westerland mit dem Diener des »Miramar« und endete nach etwa 20 Positionen mit irgendeiner »Villa Meeresblick« oder »Haus Frieda«.

Farben und Töne der Kinderzeit: Die Briefkästen waren blau, und durch die Straßen hallte in Kiel am frühen Vormittag von den zweirädrigen Fischkarren aus der Ruf »Hookrabb! Frische Hookrabb!«, und das meinte die frischen Krabben. Diesem Ausruf folgte wie ein kleiner Paukenschlag das einsilbige »Bütt!«. Der Mann hatte also auch noch Butt, das heißt Schollen dabei, die Kiemen der nach Luft ringenden Tiere klappten zwanghaft auf und zu, und es waren ausgerechnet die Nazis, die hier Erbarmen walten ließen und den Verkauf noch lebender Fische verboten.

Der Polizist schritt behelmt und gravitätisch durch sein Revier, er hieß »Schutzmann«, das klingt anheimelnd und Ruhe garantierend, und niemand ahnte, dass seinesgleichen einstmals über die Zwischenstufe »Polente« im Polit-Jargon zu »Bullen« degradiert werden würde, – eine schäbig beleidigende Form. Die Post wurde zwei Mal am Tag geliefert, und sie kam sogar sonntags. Es gab großstädtische Zeitungen, die der Neugier täglich drei Ausgaben schenkten, und das Telephonieren war in der nur zögernd sich technischen Neuerungen aufschließenden, etwas abseitigen Stadt Kiel noch ein menschenstimmlicher Akt. Bis zu meinem Fortgang 1941 kannte der Apparat keine Wählscheibe. Man hob den Hörer ab, wartete auf die weibliche Stimme »Hier Amt!«, dann sagte man die eigene Nummer »Siebenunddreißignullvier« (unsere Nummer) und weiter »Bitte Dreizehnelf …«. Folgte die Gegenstimme: »Bitte warten!« Bleibt hinzuzufügen, dass das Warten gelegentlich auf harte Proben gestellt wurde.

Ferngespräche aber waren ein so seltenes wie kostspieliges Abenteuer, die Dauer der Verbindungsherstellung konnte reduziert werden, wenn man zu erhöhtem Tarif den Ruf als »Dringend!« anmeldete oder gar als »Blitzgespräch« (zehnfache Gebühr).

Wenn die Dämmerung hereinbrach, kam auf seinem Fahrrad der Laternenanzünder, mittels einer langen Stange ließ er das Gaslicht aufflammen, – das er des Morgens wieder löschte.

Unsere Kleidung: In Kiel dominierte in den Kinderjahren der Matrosenanzug, den es in drei Varianten gab: Mit der Bluse in Blau (wollen), mit der Bluse in blau-weißen Streifen (baumwollen) und ganz in

Weiß, – das war der verhasste Sonntagsanzug, und den Begriff gab es wirklich. Das Problem waren nicht die Blusen und die kurzen blauen Hosen. Das Problem war der Schlips, der im Nacken zugebunden, vor der Brust aber als Knoten mit einer weißen Schleife befestigt werden musste. Das weiße Band blieb nicht lange weiß und glatt, sondern verkrumpelte grau.

Wir Jungen trugen kurze Hosen, bevor die so genannten Skihosen aufkamen, die später auch zur HJ-Uniform gehören konnten. Dazu Kniestrümpfe, – und hier war der winterliche Streit mit den Eltern garantiert. Denn nie und nimmer wagte man sich mit langen Strümpfen in die Schule und Welt, wurde aber bei Frosttemperaturen sie anzuziehen genötigt. Und kaum hatte man das Haus verlassen, rollte man sie unter den Knien zusammen, – und erlitt nie einen Erkältungsschaden. Wenn es aber einmal des Arztes bedurfte, so kam er als Hausarzt ins Haus, er hieß Doktor Nebendahl (und wir Kinder liebten ihn), saß an unserm Bett und nahm zurückhaltend, aber gern die angebotenen nahrhaften Kleinigkeiten an, und neue Seife und frische Handtücher waren für ihn bereitgelegt. Eines Tages probierte er, von uns bedrängt, eine merkwürdige Sorte von Brot, biss zögernd in die Knisterscheibe hinein: Es handelte sich um Knäckebrot, das ich – etwa 1930 – aus dem weltstädtischen Hamburg mitgebracht hatte.

Eis war damals wie heute beliebteste Kinderspeise. Durch die Straßen zog im Sommer der kleine zweirädrige Karren, für 5 Pfennig gab es Erdbeer oder

Vanille oder Schokolade in der Tüte, für 10 Pfennig das Gleiche zwischen zwei Waffelscheiben. Nach der Schule zogen wir in großen Scharen zu Eis-Meier oder Eis-Weise am Lehmberg, die in reinster kapitalistischer Manier vom Konkurrenzprinzip lebten, Haus an Haus, und für 5 Pfennig sogar die Chance boten, ihre Produkte am Tischlein sitzend aus dem Glas zu löffeln. Für Snobs, versteht sich, gab es auch Sahneeis, und das kostete ein Mehrfaches.

Hier sei meines Freundes Gerd Laage gedacht, dem die Eltern täglich einen Groschen mitgaben, damit er sich in der großen Schulpause stärkte mittels des Kakao-Trunks, den der Hausmeister feilbot. Laage jedoch sparte sich die Labung und teilte das Geld und lud mich zum Eis ein. Die misstrauischen Eltern aber hatten den älteren Bruder, zwei Klassen über uns, beauftragt zur Kontrolle, – und so ließ er sich vom jüngeren die Hauchprobe liefern, die nach Kakao schmecken musste. Das ging nicht gut aus. Im Winter aber kauften wir »Kuchenabfall«, zwei Tüten zu je 5 Pfennig. Gerd Laage war mir überlegen als Sportler wie als Weltmann, er und der flotte Heinz Pörksen kannten sich aus in jener Musik, die so etwas wie ein bewusst gegenläufiger Ton war, klingend wider die Marschgesänge der »neuen Zeit«. Wir hielten das lockend Fremde für »Jazz«.

STRASSENKINDER

Damals, in den späten zwanziger, den frühen dreißiger Jahren, spielten wir Kinder mit Vorliebe auf der Straße. Auch wenn das Haus einen Vor-, einen Hintergarten hatte: Die Straße war das eigentliche Leben. Nun muss man wissen, dass »Straßenkinder« ein eigentümlicher Begriff war, mit ihm verband sich die Vorstellung von etwas Bösem, Gefahrbringendem, sie mochten verderblichen Einfluss ausüben auf die behüteten Lieblinge der bürgerlichen Familien. Mit denen also war kein Umgang, und sie wohnten ja auch weit weg. Wohl aber suchten auch wir auf der Straße unser Glück, man sprach ein fremdes Kind gleichen Alters an, – so wie ich, damals noch in Bremen (wo wir zeitweilig wohnten), Georg-Gröning-Straße nahe dem Richard-Strauß-Platz, eines Tages ein Mädchen namens Ina fragte: »Willst du mit mir spielen?« Sie wollte. »Vater-Mutter-Kind« zum Beispiel, die Eltern waren fünf oder vier, die Rolle des Kindes kam Marianne zu, meiner zwei Jahre jüngeren Schwester, sie fand sich greinend damit ab, in den Puppenwagen gepresst zu werden, nachdem sie doch grad laufen gelernt hatte.

Es muss der anderen Spiele gedacht werden, bevor

ihre Regeln und ihr Geist vergessen, bevor die ihnen dienenden Geräte nur noch Ausstellungsstücke sind im Volkskunde-Museum. Man trieb mit der Peitsche den Kreisel über das steinglatte Trottoir. Ihm zur Seite der imposantere Bruder, mechanisch aufgezogen: der Brummkreisel. Man fuhr die Straße entlang (und möglichst bergab) mit dem Roller, der heute wunderlicherweise nach zwei Generationen seine Wiederkehr erlebt, – allerdings nicht mehr als Kinderspielzeug, sondern als smartes Gerät für smarte Jungmänner. Die höher entwickelte und feinere Version war dann der Tretroller, man stieß sich nicht mehr vom Boden ab, sondern stand auf dem Brett, das gemäß der Verlagerung des Körpergewichts auf und ab wippte und auf diese Weise über eine gezahnte Stange das Hinterrad antrieb. Als komfortabler durfte der »Holländer« gelten, vierrädrig, man saß und steuerte die Vorderräder mit den Füßen und bewegte mit den Händen einen Knüppel vor und zurück, auf solche Weise den Antrieb über das Hinterradpaar besorgend. Der Ball war kein Fußball und diente auch nicht als solcher, er war bunt und man »köppte«, wie es auf gut Plattdeutsch heißt, also spielte ihn vom Kopf zum Kopf. Die Mädchen brillierten in raffinierteren Spielen, nach ausgeklügelten Regeln ihren Ball auf anmutige Weise von der Hausmauer als Partnerin auffangend. Oder sie übten sich im Seilhüpfen, als Solistin oder zu dritt: Zwei hielten und schwangen es, die Dritte sprang in der Mitte. Auch gab es den bunten großen Reifen, den Spielenden an Körpergröße fast gleich, man trieb ihn mit einem Stock den Weg entlang, keuchend mit ihm Schritt haltend.

Schließlich das Spiel mit den kleinen bunten Kugeln, manche von ihnen durchsichtig und aus Glas: »Picker« hießen sie in Kiel, und Murmeln oder Marmeln (da einst aus Marmorstein geformt) war ihr offizieller Name. Sie mussten geworfen werden und irgendwann eine Grube treffen, – eine Art miniaturisierter Vorform von *Boule* oder *Boccia*.

Wir fanden uns auch zusammen zu Gruppenspielen, »Verstecken« mit Anschlagen; oder »Mutter, Mutter, wie weit darf ich …«, da musste man zusehen, als Erster oder Letzter irgendwo anzukommen am markierten Ziele. Auch bildeten wir, einander gegenüber postiert, einen Gang, streckten die Arme hoch, und dann musste einer, vom Ende her beginnend, durchgehen oder -kriechen, und dazu sangen wir: »Wir wolln eine goldene Brücke baun, wer hat sie denn zerbrochen, der Goldschmied, der Goldschmied, mit seiner jüngsten Tochter. Kommet alle durch, alle durch, den Letzten wolln wir fangen, mit Spießen und mit Stangen …« Geheimnisvolle Verse, deren Sinn wir nicht nachfragten und in denen die Melancholie des Volksliedes webt. Oder es ritzten die Mädchen Linien in die Erde und zogen Quadrate und hüpften dann auf einem oder beiden Beinen nach kompliziertem Muster vor oder zurück oder seitwärts, es hatte zu tun mit »Himmel und Hölle«.

Im Winter fertigten wir uns, was man anderwärts wohl eine »Glitsche« nannte, bei uns hieß sie eine

»Hacker«: Gefrorene Pfützen wurden, indem man mit den Schuhsohlen über sie hackerte, also glitt, zu einer immer längeren Bahn gedehnt, und nach wildem Anlauf schoss man weit über sie hin …

Unsere Wohnung in Kiels Norden grenzte an das Düsternbrooker Gehölz, ein Terrain für Spiele jungenhafter Art. Das eine war das übliche Knabenvergnügen im Indianer- und Trapper-Gewand oder, ohne Verkleidung, Räuber und Gendarm. Das andere war subtiler und frivoler, es hieß »Liebespaare belauern«. Liebespaare hatten es damals nicht leicht, sie konnten sich noch nicht ins Auto flüchten, geschweige denn in die Privatheit eines Zimmers. Da blieb nur im Dämmer die Parkbank. Wenn wir sie belauerten, dann war schwerlich so etwas wie gieriges Voyeurtum im Spiel, eher reizte uns das indianerhafte Anschleichen und die böse Lust am Stören und Irritieren, – möglicherweise aber war da auch schon die Ahnung, ein kleines Stück dessen zu entdecken, was uns später als erotisches Geheimnis noch hinreichend beunruhigen sollte.

Als wir noch in Bremen wohnten, ich fünf Jahre alt war, riss mich ein merkwürdig schockhaftes Erlebnis aus dieser Kinderspielwelt. Ich hatte meiner Freundin Ina gelegentlich in einem der Kriegsbücher der väterlichen Bibliothek das Porträt eines Soldatenhelden (es war Gneisenau) gezeigt, stattlich-stolz und romantisch lockig das Haupt und die Brust ordenbestückt. Ich bedeutete Ina, so werde ich eines Tages aussehen, und ob sie mich dann heiraten wolle. Sie sagte Ja. Das Idyll nahm ein herbes Ende, dafür sorgte das Leben als Ordnungsinstanz. Ich ging wie so oft eines Morgens zum Haus gegenüber, klingelte und fragte, ob Ina zum Spielen komme. Da war es plötzlich vorbei mit dem Spiel: Ina, beschied man mich, Ina sei in der Schule. Wir hatten bei unsern Heiratsplänen nicht beachtet, dass die Braut ein Jahr älter war als der Mann.

Die Phase aber, die man romantisch die Jünglingszeit nennt, wurde uns von Hitler genommen. Keine Hausbälle wie einst, keine »Fêten«, keine verschwärmten Ausflüge in Wald und Au. Statt der Buntheit phantasiebeflügelter Knabenträume nun die Monochromie: Die Welt wurde braun.

Siebente Knaben Volksschule

Siebente Knaben Volksschule, Hardenbergstraße. Immerhin ein Fußweg von fast einer halben Stunde, ich fürchtete anfangs, ihn zu verfehlen, mein Ortssinn war (und blieb) schwach. Eine preußische Gegend, die angrenzenden Straßen hießen nach Gneisenau und Yorck und man kreuzte den Blücherplatz. Zwei Mal in der Woche war da Markt, und nach Schulschluss sammelten wir uns vor dem einzigen Süßigkeitenstand, immer in der Hoffnung auf ein Bonbon oder eine Lutschstange. Vergeblich, Herr Detjen wusste, was geschehen wäre, hätte er nachgegeben: Er wäre uns nie mehr losgeworden.

Der Klassenlehrer der beiden ersten Jahre war Herr Jensen, ein Mann von simpler Schlichtheit, und seine Belehrungen kamen aus ohne Stock. Dafür pflegte er seine Nägel mit einem Taschenmesser. Ihm folgte Herr Lorenzen, er sang uns viele Lieder vor mit brüchiger Stimme, ähnlich wie sie klang seine Geige. Seine Choräle haben mich ein Leben lang begleitet: *O dass ich tausend Zungen hätte* war mir der liebste. Sodann *Wenn mit grimm'gem Unverstand / Wellen uns umtosen …* oder *O Gott, Du frommer Gott, Du Grundquell aller Güte …*

Eine den Lehrer auf die willkommenste Weise entlastende Stunde war die der Schönschreibübung. Da konnte er seinen eigenen Wegen nachgehen, wir aber kritzelten Seite um Seite voll mit zierlich gekringelten Buchstaben und Texten wie *Zypressenholz ist sehr geschätzt* oder *Prüfet alles, das Beste behaltet* oder *Droben stehet die Kapelle*. Oder die tiefste aller sittlich-anthropologischen Weisheiten, deren Wahrheitsgehalt mir freilich erst später, dafür aber häufig aufgehen sollte, sich beharrlich bewährend: Das Paulinische Mahnwort *Geiz ist die Wurzel allen Übels*.

Herr Lorenzen liebte es, die jeweils letzte Stunde des vormittäglichen Unterrichts zur Wanderstunde zu erklären. Es fiel auf, dass er uns konsequent den Hohenzollernpark genießen ließ, von wo aus er uns dann mit guten Wünschen für die Mittagsmahlzeit nach Hause schickte. Wir, die wir weit weg im Kieler Norden wohnten, liebten diese Wege nicht, aber man muss Herrn Lorenzen verstehen, denn er wohnte am Hohenzollernpark.

Der Religionsunterricht war Herrn Micheelsen anvertraut. Zum Zwecke nachhaltiger Wirkung unterstützte er seine pädagogisch-religiösen Unterweisungen mit dem ausschweifend geschwungenen Rohrstock. Den Takt der schmerzenden Schläge begleitete er skandierend mit dem Imperativ: »Hau ihn, dass die Schwarte knackt!« Wenn aber einer von uns kleinlaut darum bat, einmal »austreten« zu dürfen, dann kommentierte Herr Micheelsen das Bedürfnis mit der Voraussage: »Ihr schifft euch noch halbtot!« Im Übrigen war mir, als hohe Auszeichnung für vorzügliche Leistungen in der Bibelkunde, die Aufgabe übermacht, einen Herrn Micheelsens Sitzbedürfnissen zugezimmerten Hocker jeweils dem Klassenraum der folgenden Unterrichtsstunde zuzutragen. Denn Herr Micheelsen litt unter einer Gehbehinderung, die als Kriegsschaden galt.

Andere Lehrer hießen Menck oder Berneike oder Lindemann oder Bielfeldt, und ich erwähne sie nur, weil mir kaum begreiflich ist, dass ich diese Namen noch nach über sieben Jahrzehnten im Gedächtnis trage, – während andere, unendlich viel wichtigere, spurlos gelöscht sind.

Meine Schwester Marianne besuchte die angrenzende Mädchenschule, der ineinander übergehende Schulhof wurde getrennt in zwei Areale durch einen in den Erdboden eingelassenen Strich, aus Zement vermutlich oder aus Steinen. Und niemals in vier Jahren und tausend Pausen habe ich erlebt, dass ein Kinderfuß auch nur um Schrittbreite in das andere Terrain eingedrungen wäre. Idee und Praxis der Koedukation kamen erst später nach Kiel …

Übrigens trugen wir keine Vornamen. Diese sechs- bis neunjährigen Knaben hießen Wichmann und Reckow, Wentz und Wapnewski, so von den Lehrern aufgerufen, so sich untereinander nennend. Der Vorname gehörte dem häuslichen, dem familiären Bereich. Das war dann auch auf dem Gymnasium nicht anders. Merkwürdiger Kontrast zu einer späteren Zeit, zu heutigen Sitten also, da die Großen dieser

Welt ihrer Politik dienlich zu sein meinen, wenn sie einander Dick oder John, Bill oder Helmut oder Boris nennen.

Von Politik drang nichts durch die dicken roten Mauern der Volksschule. Allenfalls dass man den Klassenlehrer wissen ließ, was sein Gemüt erfreuen sollte: »Mein Vater hat Hitler gewählt.« Oder: »Meine Mutter hat Hindenburg gewählt.« Das nahm Herr Lorenzen mit unbewegter Miene hin.

Aussagen, die vorausdeuteten auf das Jahr 1933, das Jahr der Einschulung in die Höhere Schule. Es boten sich an: das Realgymnasium; das Reform-Real-gymnasium; die Oberrealschule; die Deutsche Ober-schule; das Humanistische Gymnasium: Auf keinem Felde der Gesellschaft grast oder wütet der Reform-eifer, sich selbst bewegend und aufhebend, so willkür-lich wie auf dem der Pädagogik und Volksbildung.

Die Mutter entschied zugunsten des Humanis-tischen Gymnasiums. Wofür ich ihr lebenslang dank-bar bin. Die Alte Kieler Gelehrtenschule war stolz auf ihre jahrhundertealte Tradition. Das hat sie nicht ge-hindert, auch dem Zeitgeist seinen Platz einzuräumen. Wenngleich nicht mit der beflissenen Emsigkeit, wie andere Bildungsinstitutionen sich ihm anheim gaben.

Als also das Jahr 1933 anbrach, kam Hitler an die Macht und Peter W. aufs Gymnasium. Vorgänge von freilich sehr unterschiedlicher Folgenschwere. Ein schönes Frühjahr, wenigstens im deutschen Norden. Kiel leuchtete – und tat es auch im Schmuck der vie-len Fahnen. Unter denen die mit dem Hakenkreuz nicht dominierte, noch nicht, es zeigten sich vielmehr froh auch die Farben Schwarz-Weiß-Rot und die alte Reichsmarine-Flagge und das Blau-Weiß-Rot des *op ewig ungedeelten* Schleswig-Holstein. Nur Schwarz-Rot-Gold gab es jetzt auf einmal nicht mehr, und schnodderig hieß es nunmehr Schwarz-Rot-Senf.

Jugend auf dem Marsch

Zwei Häuser weiter, Bartelsallee 4, wohnten Henning und Hartmut, ältere Freunde, die ich achtete und gern hatte. Sie taten mir in guter Absicht etwas an, was mir bald zum Unheil ausschlug: Sie warben mich – das hieß damals: sie »keilten« mich –, und ich trat ein in eine militärisch und rechtskonservativ organisierte Untergruppe der »Bündischen Jugend«: in den »Jungsturm«. Soldatisch unsere »Kluft«, graue Windjacke, eine Art Tropenhut, Kokarde und Armbinde in Blau-Weiß. Wir zehn- oder zwölfjährigen Knäblein, dazu auch ältere, mussten stramm exerzieren, die Geländespiele waren kriegerischer Natur, ich erhielt eines Tages Befehl, meine Gruppe »gegen Fliegersicht und gegen Beschuss von Westen« von einem Punkt zum andern zu führen, – das war im übersichtlich-begrenzten Gehölz nicht schwer, aber es bezeugte eine militante Gesinnung, deren Fatalität unserem kindlichen Gemüt nicht bewusst war. Sonntags wurde gezeltet. Das alles war mir nicht sehr angenehm, aber die Erwachsenen befanden, es sei von Nutzen, der Junge muss doch raus an die frische Luft, mal unter andere Jungs, er wird ja ein Stubenhocker sonst, das viele Lesen macht nur dösig …

Auch militarisierte man die bürgerliche Sitte der jährlichen »Weihnachtsfeier« in einem Keller, ausstaffiert als Unterstand vor Verdun 1917, Kerzenstummel und Salzwasser aus der Feldflasche, im Hintergrund quäkte ein Grammophon *Stille Nacht*, ihr galt eine markige Rede, in der auch schon Hitler vorkam. Auf dem Jahresfest durfte, nein musste ich auftreten und Verse von schwachsinnigem Knabenmut vortragen: »Ich bin ein kleiner deutscher Mann / Wie Vater und der Ahne, / Und halte fest so fest ich kann, / Die blauweißblaue Fahne ...«

Das war nicht der Geist schwärmerischer Jugendromantik, wie er etwa die »Deutsche Freischar« oder die »Freischar Junger Nation« oder auch die Pfadfinder bewegte, wir sangen nicht *Jenseits des Tales standen ihre Zelte* und nicht *Aus grauer Städte Mauern ...* oder *Schneefelder blinken, schimmern von ferne her ...*, sondern trotzig das *Geusenlied* (*Gleich wie die Möwe ruhlos hastet ...*) und *Die Glocken stürmten vom Bernwardsturm ...* und stramme oder wehmütige Soldatenlieder. Wenn wir denn sangen, – und nicht marschierten zur so genannten Knüppelmusik, das heißt zu Trommeln und Pfeifen.

Die Fahne war dann bald nicht mehr blau-weißblau, sondern blutrot, mit dem Runenkreuz in der Mitte. Der »Jungsturm« wurde – wie die Bündische Jugend insgesamt – zwangsüberführt in die Hitler-Jugend, – das mag um 1935 herum gewesen sein. Mir war das so unlieb nicht, denn es ging nicht annähernd so zackig zu in den braunen Hemden wie im soldatischen »Jungsturm«. Hatte aber den Nachteil, dass ich es nun nicht mehr mit »meinen Leuten«, sondern mit Fremden zu tun hatte. Die mir missfielen, ich hatte mit der »Volksgemeinschaft« nicht viel im Sinn. Meine Karriere im Jungvolk und der HJ war eine Kette von Niederlagen. Ich schwänzte die so genannten Heimabende, schwänzte Geländespiele und Aufmärsche. Insbesondere hasste ich es, durch den jeweils angesetzten »Dienst« um den Sonntag betrogen zu werden. Auf dem allerdings, leise grummelnd, auch die Familien um ihres Zusammenhaltes willen bestanden, – was die Führung des Staates zu einer ingeniösen Erfindung inspirierte: Sie schuf den »Staatsjugendtag«, das war der bisherige Sonnabend. Er diente dem Dienst der Hitler-Jugend, und die wenigen »Zivilisten« (es waren in unserer Klasse von 30 wohl vier oder fünf) mussten irgendeine Form von staatsbürgerlichem Unterricht erdulden, lustlos von lustlosen Lehrern belehrt.

Da indessen der Unterricht weiterhin einem genau kalkulierten Plan gemäß ablaufen musste, wurden die einzelnen Wochentage ihrer ehrwürdigen Namen beraubt und von 1 bis 6 nummeriert, so konnte man denn etwa am Freitag auf der Wandtafel des Klassenraumes lesen: HEUTE FÜNFTER MONTAG SECHSTER TAG.

Ich also marschierte schwerfüßig mit, musste aber immer wieder die Einheit wechseln, ständig herausgeworfen, – und gelegentlich stigmatisiert durch das Schandmal, das meine Unbotsamkeit allen Augen

bloßlegte: Mir wurde das geknotete schwarze Hals-
tuch abgenommen.

Schließlich wurde die Zugehörigkeit zur HJ gemäß
»Reichsgesetz« vom 1. Dezember 1936 Pflicht für
alle, – und ich landete, ich weiß nicht wie, auf einer
Schreibstube, in der ich den Tageszeitungen heraus-
schnitt, was mit den täglichen Taten der Hitler-Jugend
zu tun hatte, und dann die Artikel fein säuberlich
einem Album einklebte. Darauf stand in Fraktur:
HJ Gebiet Nordmark.

Mir war das braune Kleid zuwider, die Märsche
und Heimabende unter dem Vorsitz primitiv-dummer
Chargen mit der rotweißen Kordel oder der grünen
oder der weißen, die den jeweiligen Führer auszeich-
neten. Das war nicht etwa die rühmenswerte Haltung
eines sittlich begründeten Protestes: Mir war zwar
das Treiben dieser Staatsführung unbehaglich und
beunruhigend, auch entsinne ich mich, dass ich bei
Kriegsausbruch naiv zu den wenigen zählte, die einen
sieglosen Ausgang immerhin für möglich hielten.
Aber im Grunde war meine Haltung schlicht Eigen-
brötelei, ich wollte eigensinnig das Meine betreiben, mich zusammenrollen in eine Ecke, die warm
war, darin ich lesen konnte. Lesen vor allem Karl
May, sämtliche Bände einschließlich *Weihnacht* und
Professor Vitzliputzli, – von den klassischen ganz
zu schweigen, und die mehrmals, vor allem den *Schatz
im Silbersee* und den *Schut.* Später dann die edleren
Klassiker, sie verstehend oder nicht, von Homer bis
Hamsun. Kindlicher Protest also des Individualisten

gegen die kollektive Vereinnahmung, – und mehr nicht.

Die Formen des öffentlichen und privaten Lebens müssen sich damals schnell und gewissermaßen unvermerkt gewandelt haben. Der Gewerkschaftler war nun in der »Arbeitsfront«, der Mann vom »Reichsbanner« in der SA, das Sonntagsmenü wich kalendarisch dem kargen Eintopf, und das solchermaßen gesparte Geld sammelte der Blockleiter ein.

Vereinnahmt wurde ich schließlich doch noch: Als ich Parteigenosse wurde, ohne es zu wissen. Doch das steht auf einem anderen Blatt (nämlich S. 196 ff.).

So wurde man achtzehn, machte Abitur, das war 1941, die Fahne rief, man meldete sich – Ehrensache! – kriegsfreiwillig, ohne Enthusiasmus zwar, eher mechanisch, und Felix Krull war weit. Bis dann, bei dem einen früher, beim andern später, die große Desillusion die große Illusion ablöste.

War es so? Es war so, – und doch auch ganz anders. Es gab ein Binnenklima der Lebensformen, das hatte mit all dem organisierten Jung- und Deutschsein nichts zu tun. Nicht etwa, als ob wir hinter der braunen Fassade Widerstandskämpfer oder auch nur dezidierte Antinazis gewesen wären. Das deutsche Volk, es hat Hitler gewollt und gewählt, – zu seinen Gunsten Wahlen zu fälschen, das hatte dieser Hitler in diesem seinem Volke gar nicht nötig. Und doch: Inmitten all der hochgemuten und vermessenen Geschäftigkeit und Organisationshysterie des neuen Staates breiteten sich weite Flächen von lustloser

Gleichgültigkeit aus. Ich will das präziser zu beschreiben versuchen.

Mein Gymnasium, das sich stolz »Alte Kieler Gelehrtenschule« nannte, hatte einen Lehrkörper, der sich wohl zu 70 Prozent als nationalsozialistisch verstand und gebärdete. Die grüßten stramm mit Deutschem Gruß, die kamen auch gelegentlich im Braunhemd in ihre Klassen, waren niedrige Chargen als »Politische Leiter« der Partei, erzählten von Krieg und Kriegsgeschrei und bewährten sich im »Nationalpolitischen Unterricht« und in der »Rassenkunde«. Wunderlicherweise geriet auch die humanistische Bildung und ihr Lehrplan nicht in Konflikt mit diesem Betrieb, das ließ sich arrangieren, die Lyriker der Griechen haben ja feurige Schlachtgesänge hinterlassen, und in Platons *Staat* hätte auch die SS ein Plätzchen gefunden. Mein Abituraufsatz behandelte das Thema »Herrenmenschentum und Sklavenmenschentum in Platons Dialog *Gorgias*«. Ich wünschte, ich könnte ihn heute lesen, zustimmend oder entsetzt, aber er ist verbrannt mitsamt vielen Akten und vielen Herren- und Sklavenmenschen in einer der vielen Kieler Flammennächte des unseligen Krieges.

So also wohl drei Viertel der Lehrer. Von den übrigen waren manche betont indifferent; und einige wenige machten keinen Hehl aus ihrer Ablehnung des neuen Staates. Das mag sie in der Kollegenschaft isoliert haben, – wir Schüler nahmen es zur Kenntnis und beurteilten sie im Übrigen danach, wie sie eben als Pauker waren.

Wir Schüler: Ich weiß nicht, wie es andernorts war, aber bei uns gab es keine fanatische, keine passionierte, keine entflammte Jugend Hitlers. Sie alle machten eben mit, lustlos einige, lustvoller andere, gleichgültig viele, manche waren eine »Führer-Charge« und zierten ihre braune Uniform mit einer Schnur. Man versuchte, dem Staat zu geben, was des Staates war (oder was er einforderte), und war im Übrigen privat. Diese Jugend hatte ihre offizielle Hymne, – ich habe nie erlebt, dass sie nach Text und Melodie je wirklich gesungen wurde, wir stockten und kippten dann ab: *Unsere Fahne flattert uns voran ...*, so der Refrain. Auch der Sohn des Gauleiters und der des Kreisleiters und Oberbürgermeisters wussten es nicht besser, sie waren für einige Jahre meine Klassenkameraden, ganz nette Jungs und dazu (obwohl es heute billig klingt, aber es ist nun einmal die Wahrheit) recht dumm.

Leben unter dem Diktat
der Diktatur

Was freilich »Widerstand« bedeutete, das wussten wir nicht, wollten es nicht wissen, ahnten es kaum. Und was aus ihren jüdischen Kollegen und Mitbürgern geworden war, das behielten die Eltern sorgsam für sich. Sofern sie nicht auf Führers Fahne schworen, tarnten sie sich, – tarnten sich so perfekt, dass die Tarnung schon kaum mehr zu unterscheiden war von der durch sie zu schützenden Substanz.

Es ist oft notiert worden, dass 1939 keine kriegsbegeisterte Jugend zu den Waffen strömte. Das ist wahr, damals schon war es vielfach vorbei mit der völkischen Schwärmerei, – und was die Jugend angeht, so war sie gewiss zu Teilen begeistert und voller Hingabe an Spiele und Märsche und Lieder, aber auch zum andern Teil gleichgültig geworden, der dumpfe Rhythmus der Landsknechtstrommeln, die ihr den Marschtritt wummerten, klang vielen nicht mehr gut in den Ohren. Die ratlosen Eltern aber retteten sich in Lebensweisheiten, die sie mit Moral verwechselten, und der Großvater-Jurist belehrte mich: Wer die Macht hat, hat das Recht. Carl Schmitt wusste es gelehrter auszudrücken.

Immerhin, man bestimmte mir als Klavierlehrerin Frau Lamm-Nathansen, das mag 1935 gewesen sein, – schüchterner Versuch der Stützung und Ermutigung einer Verfemten. Auch scheint es, als habe ich mich nicht gewundert, dass sie die Noten eines Tages einer Nachfolgerin weitergab. (Ich aber blieb ein Stümper auf den Tasten, unter solch frühem Versagen leidend mein Leben lang.)

Hart wie Kruppstahl, zäh wie Leder, schnell wie die Windhunde? Dieses fordernde Postulat aus der bilderreichen Rhetorik ihres Führers hat meine Jugend ignoriert. Wir, meine Klassenkameraden und Freunde, hielten uns zurück und erschienen vielleicht als lahm. Das allerdings durfte man gewiss nicht Widerstand nennen, allenfalls Opposition und Reaktion, man kann Entsprechendes bei Kempowski nachlesen aus seiner und seines Bruders Jugendzeit. Wir schätzten den Friseur, der uns mit einem »Salonschnitt« versah, – lange Haare »wie ein Kommunist!«, sagte mein Onkel, das war das Schlimmste, man ließ es sich gerne gefallen, obschon man kaum wusste, was denn ein Kommunist war. Wir hielten auch nur wenig von körperlicher Ertüchtigung und empfanden die Turnstunde am Gerät oft als lästig.

Ein merkwürdiges Ensemble: Lehrer mit dem Braunhemd unter dem Bratenrock, mit Parteiabzeichen und markigen Reden, Lehrer als SA-Mitglieder und Parteigenossen: Ihre Schüler nahmen das alles gleichmütig hin wie naturgegeben und suchten, wie nicht selten in der deutschen Gemüts-Geschichte, ihre

Freiheit auf leise Weise, nämlich im »Weg nach innen«. Wir lasen Ernst Wiechert und Werner Bergengruen (*Der Großtyrann und das Gericht*) und Ernst Jüngers *Marmorklippen* – ahnten darin wohl auch Widerstand und Protest – und Stefan George, diskutierten solche Texte mit dem bewunderten Pastor, der uns konfirmierte. Aus dem gleichen Mangelgefühl und Kompensationsdrang schwärmten wir für Rosita Serrano und für die Big Bands von Jack Hilton oder Teddy Stauffer oder Will Glahé und sangen wider das kommandierte *Vorwärts, vorwärts schmettern die hellen Fanfaren ...!* unser swingendes *Man sieht's am Gang und an den Haaren, was Stenze sind und Stenze waren ...* nach der Melodie von *Some of these days*. Peter Igelhoff, der schnellzungige, sang uns zu seinem Klavier die plappernde Bekenntnis-Melodie einer geduckten Generation: *In meiner Badewanne bin ich Kapitän ...*, gewissermaßen die infantile Trivialform der »Inneren Emigration«. Auch liefen wir in jedes Kino, wo Menschen agierten, die nie »Heil Hitler« sagten. Die Stars dieser Fluchtburg vor Staats- und Erzieherautorität waren übrigens, als wir längst unsere Jugend und ihr Schwärmen hinter uns hatten, immer noch oder wieder Stars, – und kamen wieder, als wären da kein Krieg und Weltuntergang gewesen: Ilse Werner und Heinz Rühmann und Marika Rökk und Willy Fritsch und Karl Raddatz ...

Wir gruben uns auch auf andere Weise unsere Tunnel in das, was wir wohl als Freiheit verstanden. Kletterten nachts aus dem Schlafzimmerfenster und machten uns, 16-jährig, auf den Weg in das »Wiener Café« oder ins »Café Wegmann«. Adressen, die wenig mit einem Café zu tun, aber den verwegenen Ruf von Nachtlokalen hatten. Den Eintritt verdankten wir unserem Klassenkameraden Alfred, den die virile Eigentümlichkeit auszeichnete, sich Kinn und Backen schon als Quartaner rasieren zu müssen. Eine hormonelle Frühsteuerung, die wir uns bedenklich mit seiner Herkunft erklärten, war er doch als Sohn eines Missionars in China geboren.

So erlebten wir dann tolle Nächte, tranken ein Gläschen Likör oder auch zwei, vom Kellner widerwillig-misstrauisch bedient, und wenn wir großen Mut hatten, dann wagten wir uns in Kiels feinste Nachtbar, sie hieß »Halali« und hatte unter anderem den Nachteil, dass dort die Fähnriche der Marine dominierten und uns dürftigen Primanern bei den umworbenen Lyzeumsmädchen nicht die geringste Chance ließen.

Was nun meine Schulklasse und meine Freunde in ihr betrifft: Der »Beste« war ich nie, immer war einer besser, Lohmeyer zum Beispiel, oder Laux, und im Sport war ich eine mittlere Flasche, in der Mathematik ein Versager. Meine Feder allerdings hatte eine gewisse Reputation, und so heuerten mich denn die Kameraden an, wenn es galt, einen Hausaufsatz zu schreiben, und entlohnten mich in Naturalien: So »Asse« zum Beispiel, der mich mit einem Abendessen in hungernder Zeit belohnte, es gab Schwarzbrot und Bückling darauf, auch wies er mit allgemeinen Wendungen auf die Reize seiner etwa gleichaltrigen Schwester hin. Sie mögen bedeutend gewesen sein, ich hatte indes nur unklare Vorstellungen von dem Glück, das dergleichen Vorzüge spenden könnten; wir waren eine zögernde Generation. Die übrigens auch vom Tanzen nicht viel hielt, zur Friedenszeit noch ab und an ein Hausball, ein durchaus nüchternes Ereignis, und die Tanzstunde im Institut des Ehepaars Gemind in der Holtenauer Straße (Kiels erste Adresse auf dem Walzer- und Ländler-Parkett) war eher eine bürgerliche Pflicht-übung als Ausdruck schwingender Gefühlswogen. Da standen wir, artig aufgereiht, und die Jungens hatten weiße Zwirnhandschuhe an den Händen und waren auch sonst proper angezogen, zirkelten Lancier und Menuettwalzer und Polka und Foxtrott. Foxtrott, der schien uns fast schon wie Jazz, und Jazz hatte für uns den magischen Reiz der »Negermusik«, die wir doch zu anderer Stunde mit Koppel und Fahrtenmesser Geländespiele übten und exerzierend unsere zackigen Wendungen machten auf rau gebrüllte Kommandos hin.

Die gleiche Hitler-Jugend aber veranstaltete auch ihre Tennis-Meisterschaften auf den Plätzen am fei-nen Carolinenweg, da trug man strahlendes Weiß, die Hose lang wie Gottfried von Cramm, mein Freund Gerd Laage spielte lässig mit den begehrenswertesten Mädchen, für mich reichte es allenfalls zum Platz auf dem Podest der hohen Schiedsrichterleiter. Eine En-klave, an die Farbe Braun erinnerte in ihr allenfalls die Asche des Platzes.

Ob es je gelingen wird, einer späteren Generation klar zu machen, dass es ein Stück persönliche Bewährung, ja so etwas wie kleines privates Heldentum war, wenn einer von uns etwa zu Bäcker Schulte ging und »Guten Morgen!« grüßte? Denn schon an der Ladentür rief den Kunden ein Schild zur Ordnung, das sagte: *Trittst Du hier als Deutscher ein / Soll Dein Gruß Heil Hitler sein!*

Ich rede von meiner Schulzeit, und Schulzeit ist Kinderzeit. Auf der Universität hingegen, auch wenn sie im Kriege entvölkert von Männern war, haben sich Widerstand und Aufbegehren wohl gelegentlich intelligenter und moralisch fundierter artikuliert, – in kleinen Zellen freilich nur. Wie klein, mag man daraus erkennen, dass nach der Heldentat der Geschwister Scholl und ihrer Freunde »die Münchener Studentenschaft« den ekelhaften Hetzworten des über die Verurteilten zynisch triumphierenden Gauleiters wilden Beifall zubrüllte. So jedenfalls hat man es mir damals verlässlich berichtet.

Damals: Das ist nun lange her und ist nie vorbei. Rührend fast, dass wir einmal glaubten, es lasse sich diese Art von Vergangenheit »bewältigen«, solange noch die Generationen leben, die diese Vergangenheit waren, die diese Vergangenheit sind.

Ich imaginiere mir das Bild der Oberprima A des Staatlichen Gymnasiums zu Kiel – Alte Kieler Gelehrtenschule – aus dem Sommer 1940 (s. S. 251). Ein finales Dokument. Alle diese 18-Jährigen tragen Erwachsenenkleidung, manche von ihnen auch Hüte übrigens, richtige Herrenfilzhüte mit Ripsband und Krempe. Den »lüftete« man bei Begrüßung einer Respektsperson auf der Straße, um den widrigen Gruß mit ausgestrecktem Arm zu konterkarieren. Das war die tapfere Flucht ins Zivile. Im Zentrum halbrechts: der Klassenlehrer Studienrat Erich Raabe (Französisch, Geographie, Leibesübungen), das Parteiabzeichen im Knopfloch, ein wunderlicher Kauz voll ärgerlicher Marotten, aber ein redlicher Mensch, trotz allem. Ein halbes Jahr später war er dann wohl der Einzige dieses Bildes, der noch Zivil trug. Uns anderen aber in Feldgrau oder Blau oder Braun sangen von fernher die Stimmen der Heimat sentimentalen Trost oder kämpferische Ermutigung zu: Ein Bass mit Namen Wilhelm Strienz ließ alle Sonnabende lügenselig *Glocken der Heimat ...!* klingen, jeweils zum Ende des so genannten ›Wunschkonzerts‹. Oder auftrumpfende Klänge jenes Herms Niel, der wohl wirklich Hermann Nielebock hieß, – Siegesgewissheit ausströmend, mit Pauken und Trompeten *gegen Engelland ...*

Am Montagabend dann, weniger markig-federnd, ein Bariton namens Sven Olof Sandberg. Der sang *Und wieder geht ein schöner Tag zu Ende, voller Glück und voller Sonnenschein.* Wieder dieser Mehltau von Lüge, über die Haut des Gemütes kriechend, damals gingen Tage zu Ende und brachen Nächte an, die eben voll nur waren von Unglück und Tod und Elend und tonloser Verzweiflung. Wenn in solches Konzert rauchige Frauenstimmen wie die der Lale Andersen oder der Zarah Leander melancholisch und satt von Tränen sich einmischten, dann war auch das eine sehr merkwürdige Konzession der zynischen Obrigkeit an das Moment des Sentimentalen, das augenblicksweise nahezu den Schein des Defätismus zuließ, und es tat in einer Art Ventilfunktion, – eben um die Sache selbst zu verhindern. Kriege brauchen Musik. *Wir zogen in das Feld ...* Uns mussten also die Ohren klingen, klingen von überallher und überallhin, ... *zu Lande, zu Wasser, in der Luft ...*

So viel zur Tonlage und Tonart im Allgemeinen unter dem Diktat der Diktatur. Man nahm hin. Man machte sich frei in sparsamen Augenblicken der unverhofften Übereinstimmung. So ist denn im Vorübergehen von einem Phänomen zu berichten, das zu den wesentlichen im Leben unter der Knute der Despotie zählt. Von einem unvermutet aufflackernden Gefühl des Glücks, – wie es zu vermitteln schwer ist, wenn man unter Menschen lebt, die wie selbstverständlich der Gnade einer freien Existenz unter einer freien Regierungsform teilhaftig sind.

Und das ging so: Inmitten von Lüge und Gewalt und ständiger Bedrohung, inmitten eines Systems der Ent-Menschlichung konnte ganz unvermerkt der leise Hauch des Humanen das Gemüt streifen. Ein Wort zwischen den Zeilen der Sklavensprache, eine Formel, eine Phrase, eine Betonung, – und man fühlte sich umweglos einem Fremden, von dem man nichts wusste, brüderlich zugetan, ja innig verbunden. Es konnte dieser Aufschein des Wahren zwischen zwei Menschen, zwischen Wenigen erlebt, aber auch im großen

Kollektiv erfahren werden: wenn etwa im Auditorium eines prall gefüllten Hörsaals eine rhetorische Formel des Vortragenden, scheinbar unverfänglicher Art, ohne alle Verabredung empfunden wurde als Geste einer Aufkündigung der Zwangsgemeinschaft mit der Gewalt. So war es, wenn in Hilperts Deutschem Theater in Berlin Schillers *Don Carlos* gespielt wurde, Horst Caspar als Marquis Posa textgetreu König Philipp anflehte, anherrschte: »Sire, geben Sie Gedankenfreiheit!«, – und das ganze Theater auf diese an sich nicht eben sensationelle Passage hin ausbrach in rauschhaften Jubel. (Obwohl ja, streng betrachtet, die Freiheit der Gedanken weder unter der jesuitischen Inquisition noch unter der des Hitler-Terrors je gänzlich ertötet war, – aber es ging ja um die Gedanken-*Äußerungs*-Freiheit.) Diese unmittelbar von einem zum anderen aufblitzende, aufkeimende Solidarität war das Glücksgefühl, das in die giftige Stickluft der Diktatur plötzlich den reinen Hauch der Menschlichkeit eindringen ließ und zu innigen Vertrauten machte, die einander noch nie begegnet waren.

Es sei in solchem Kontext auch eine erregende Freiburger Erfahrung des letzten Kriegssommers 1944 erwähnt, die dem naiven Verständnis der Spätgeborenen als nahezu lächerlich erscheinen mag:

Inmitten einer flammend den Endsieg beschwörenden Plakate- und Parolen-Welt las man plötzlich ein Flammen-Wort und noch eines, das den Widerstand forderte. Man las es an dem einzigen unbeobachteten Platz der Universitätsgebäude: an den Innenwänden des WCs. Da war in die Farbschicht des Holzes hineingeritzt: die Stimme der Freiheit. Und man konnte das brünstige Pathos des Hingabeschwures »Führer befiehl! Wir folgen!« nun lesen in der lästerlichen Abwandlung: »Führer befiehl! Wir tragen die Folgen ...« Wer aber das Kratzen des schreibenden Griffels gehört und den Schreiber denunziert hätte, dem wäre die Prämie der Obrigkeit so gewiss gewesen wie dem Verratenen der Strang. In München war es der Hausmeister der Universität, der die Geschwister Scholl verriet.

DIE GROSSEN TAGE:
TAGEBUCH EINES OBER-
SEKUNDANERS BEI KRIEGSAUSBRUCH
(rekonstruiert aus Stichworten)

Blätter, die der Zufall bewahrte inmitten des in Flammen vergehenden Berliner Hausrats (1944), – und von denen zu sagen ist nach mehr als einem halben Jahrhundert, dass sie merkwürdig irisieren zwischen Unmittelbarkeit und ironischer Distanz. (Ich hatte mich aus Anhänglichkeit an meine vertraute Umgebung geweigert, meine Kieler Schule zu verlassen und nach Berlin zu wechseln, wohin meine Mutter aus beruflichen Gründen gezogen war.)

20. August 1939, Sylt:
Die Zeitungsverkäufer auf den Saumpfaden zwischen den Sandburgen schreien jeden Tag lauter. Das hängt mit dem Terror zusammen, den die Polen ausüben gegen die deutsche Volksgruppe. Darüber ist jetzt viel zu lesen im *Berliner Lokal-Anzeiger* und im *Hamburger Fremdenblatt* und in der *Deutschen Allgemeinen Zeitung*.

Wir hören das hier nicht so gern. Die Sonne scheint, und gestern war Willy Fritsch am Strand, hinter ihm viele Mädchen, die Autogramme wollten. Wenn man den Strand nördlich entlanggeht, kommt man an ein abgezäuntes Stück, und eine Tafel steht da, die es verbietet, den Herrn Feldmarschall und seine Gemahlin beim Baden zu photographieren.

Das kann man verstehen.

22. August 1939, Sylt:

Ich wohne im »Haus Danzig«, und das will jetzt einiges heißen, wo von Danzig und nur von Danzig die Rede ist, und dass es nicht nur deutsch ist, sondern wieder in den Reichsverband zurückkehren muss.

Im Vorgarten von »Haus Danzig« steht ein Fahnenmast, und jeden Morgen ist Flaggenhissung. Von *zwei* Flaggen, die nacheinander hochgeseilt werden. Der das macht, der Besitzer, *stammt* nicht nur aus Danzig, sondern war in seinen guten Jahren Kaiserlicher Marine-Offizier. Und so weht jetzt jeden Tag vor seinem »Haus Danzig« stolz Schwarz-Weiß-Rot, darunter aber in Weiß die alte Kaiserl. Reichskriegsflagge, und unter ihr (so sei die Reihenfolge, sagt er) die andre Flagge, unsre rote mit dem Hakenkreuz.

24. August 1939, Sylt:

Die Leute sind alle ganz aufgeregt und sagen, sie können es nicht fassen. Mir klang es auch ganz und gar unglaublich, was da gestern aus dem Radio kam, und ich drehte es laut, aber da schlug es über in dieses grässliche Quieken und Pfeifen, das diese Volksempfänger so an sich haben. Also jedenfalls: Das Deutsche Reich und die Sowjetunion haben einen Nichtangriffspakt abgeschlossen, gestern hat Ribbentrop ihn in Moskau unterzeichnet, und Stalin lacht auf allen Titelseiten und sieht eigentlich sehr onkelhaft und gemütlich aus, so dass man sich fragt, wieso wir das noch nicht gemerkt haben, dass wir eigentlich Freunde sind.

Die Leute im Westerländer »Milchstübchen« und vor dem Musikpavillon sagen, das sei ein Beispiel für große Diplomatie, und sie erinnern an Bismarck und seinen Rückversicherungsvertrag, und dass der Führer nun den Rücken frei habe, wenn es hart auf hart gehe.

Was aber niemand hoffen will.

Ich beschließe abzureisen, in Berlin bin ich besser aufgehoben. Nicht wegen der politischen Lage, denn natürlich geht es noch mal wieder gut, sondern weil Sylt keine Insel für 16-Jährige ist. Es ist eine Insel für die Erwachsenen und ihre Spiele und eine Insel für Kinder und ihre Spiele. Nicht für mich.

Ende August 1939, Berlin:
Unsere Wohnung in dem Haus Kantstraße 6 liegt direkt am Bahnhof Zoo, die Schienen führen an der Brandmauer vorbei, und wenn ich den Kopf aus der Kammerluke stecke, kann ich in die Fenster der Züge sehen. Das lohnt derzeit nicht sehr, immer das Gleiche: Truppen und Kriegsmaterial, Kriegsmaterial und Truppen, Tag und Nacht. Richtung Osten. Komisch, wenn *ich* das sehe, müssten das doch auch die Polen merken. Aber wahrscheinlich glauben sie (wie wir),

dass der Führer ein großer Pokerspieler ist und nur mit seinen guten Nerven Danzig heimholen will ins Reich.

Eigentlich sollte in diesen Tagen Reichsparteitag sein, in Nürnberg. Aber er ist abgeblasen worden. Daraus kann man auch seine Schlüsse ziehen. Willy Waltzer, unser Untermieter, ärgert sich, er hat sich nämlich extra eine neue Uniform gekauft, auf den Kragenspiegeln einen Stern und eine Litze: Obertruppführer der SA.

Im *12-Uhr-Blatt* steht heute dick und rot, dass die Polen den Staatssekretär Stuckart beschossen haben, als er nach Danzig flog. Die leisten sich wirklich zu viel, und es wäre gut, wenn diese ganze absurde Konstruktion des Korridors endlich aufgehoben würde. Danzig ist sowieso eine deutsche Stadt. Sagt jeder. Im Radio nur noch Marschmusik, Tag und Nacht, das fährt nicht mehr in die Knochen, sondern ermüdet. Immerhin aber greift die große Politik wohltuend auch in mein Privatleben ein:

Die Sommerferien sind auf unbestimmte Zeit verlängert, die Schule bleibt vorerst geschlossen.

Zum Ausgleich sollen wir einen langen Aufsatz schreiben, Titel: *Der Kampf um den Rhein.* Ich lass mir Zeit damit.

31. August, Berlin:
Im Garten unserer Eckkneipe hängen Lampions, das sieht gut aus. Es ist wahnsinnig schwül, wir trinken Berliner Weiße mit Schuss, das tut gut. Aus dem Radio

kommt der 16-Punkte-Vorschlag, den Hitler den Polen gemacht hat. Hört sich zwar hart an, aber doch vernünftig, wenn sie das annehmen, dann kriegen wir keinen Krieg, was den meisten wohl lieber wäre. Die Umsitzenden hören wortlos zu, und mit bedrückten Gesichtern. Ich weiß nicht so genau, was ich denke, der Kitzel des Sensationellen ist groß.

1. September 1939, Berlin (ein Freitag):
Es ist Krieg. Jedenfalls sind wir in Polen einmarschiert. Der Führer hat heute Morgen im Reichstag ausgerufen: »Seit 5 Uhr 45 wird zurückgeschossen. Und von jetzt ab wird Bombe mit Bombe vergolten.« Ich könnte mir denken, dass dieses Wort einmal berühmt wird.

Die Frage ist, ob man das schon Krieg nennen soll. Für uns ist Krieg doch immer: Krieg gegen Frankreich, gegen England, gegen die Erbfeinde.

Aber die wollen nicht, scheint es. Uns soll es recht sein.

Merkwürdige Beschränkungen gibt's auf einmal: Seife z. B. nur noch auf Marken. Aber ich hab rausgekriegt, dass medizinische Seifen ausgenommen sind, also bin ich gleich in drei Apotheken und hab Herbaseife gekauft, die ist auch nicht schlechter als die andern, und nun haben wir drei Stück auf Vorrat, das kann reichen für einen Krieg. Oder z. B. Schuhe: gibt's auch nicht mehr. Nur auf Bezugsschein. Mit Ausnahme von »Luxusschuhen«, die sind noch frei. Das sind Schuhe, die mehr kosten als 40,– Mark. Im Grunde versteh ich nicht, wieso in einer Volksgemeinschaft die Leute mit vielem Geld noch Schuhe kaufen dürfen und die andern nicht. Ist ja aber nicht wichtig, Schuhe halten länger als Kriege.

Mit der Verdunkelung geben wir uns gar nicht erst viel Mühe, wir machen einfach in allen Zimmern das Licht aus, bis auf Bade- und Wohnzimmer, in denen wir Decken an die Fensterrahmen gehängt haben. Bisschen provisorisch, aber warum erst viel investieren. Der Luftschutzwart Herr Geißler ist allerdings wütend auf uns und sagt, damit kämen wir nicht durch, und wenn's dunkel wird, brüllt er vom Hof rauf »LICHT AUS!«, dabei ist gar keins an.

In fünf Tagen werde ich 17, komisch, ich freu mich nicht sehr. In einem Jahr dann also 18, folgerichtig. Mit 18 war mein Vater schon Leutnant.

Montag, den 4. September 1939, Berlin:
Wir haben einen Spaziergang in den Zoologischen Garten gemacht heute, wie schon oft, weil wir ja Zoo-Aktien-Besitzer sind, und dann braucht man keinen Eintritt zu bezahlen.

Also gestern haben England und Frankreich uns den Krieg erklärt, England vormittags, Frankreich nachmittags, so war es ein erfüllter Sonntag.

Ich muss endlich anfangen mit der Arbeit an unserm Aufsatzthema *Der Kampf um den Rhein*. Macht jetzt auch mehr Spaß, weil aktuell.

5. September 1939, Berlin:
Gestern war Fliegeralarm, klingt wirklich widerlich, dieser auf- und abschwellende Sirenenheulton. Kann sein, dass wir den noch öfter werden hören müssen. Nach zehn Minuten war alles schon vorbei, wohl ein Irrtum. Der Ton von »Entwarnung« klingt viel besser.

Ich habe heimlich im Tagebuch meiner Cousine Sigrid geblättert, nicht fein, aber ich war neugierig, weil ich hoffte, es stünde etwas über mich drin. Es stand da unter Montag aber nur: »Scheiß-Krieg«. Komisch, das schon am vierten Tag zu sagen. Die Leute auf der Straße sehen auch so aus, als hätten sie das alle in ihr Tagebuch geschrieben: »Scheiß-Krieg«.

III. Krieg und Kriegsgeschrei

ARBEITSMANN (1941)

April 1941. Ein D-Zug geistert durch die Nacht, fast leer. Die Fahrt geht nach Osten. Darin der 18-jährige Abiturient P. W. Mit kleinem Gepäck und dem Befehl, sich im Arbeitsdienstlager 161 einzufinden. Es liegt in Grutschno, und Grutschno liegt in Westpreußen. So hat man diesen Teil dieser Landschaft benannt, seit Hitler Polen erobert hat. Die Städtenamen, zur näheren Orientierung verhelfend: Thorn und Bromberg.

An die nun folgenden drei Monate denke ich zurück mit dem Gefühl tiefsten Widerwillens. Was immer der Reichsarbeitsdienst einmal gewesen sein mag: 1941 war er eine halbmilitärische Organisation, und sein Führercorps war durchwegs untauglich für eine Karriere beim Militär, untauglich für einen bürgerlichen Beruf, – also tauglich für den Reichsarbeitsdienst.

Entsprechend der Ton, der Stil des Ganzen – wenn überhaupt von einem »Stil« zu reden Anlass ist. Ich vermute, in diesen Monaten niemals ein freundliches Wort gehört, eine menschliche Geste gesehen zu haben, – es sei denn unter uns »Kameraden«. Nahezu 200 waren wir, die meisten von uns dünne und dünnhäutige Abiturienten, und ein paar Jungarbeiter dazu. Untergebracht in Baracken, deren vier jeweils einen »Zug« beherbergten. Und der »Zug« setzte sich zusammen aus »Trupps«. Denen jeweils ein »Vormann« vorstand. Aberwitzig die Dienstgradbezeichnungen: »Truppführer«, »Obertruppführer«, das mochte noch angehen, aber dann die gehobene Schicht: Das begann mit dem »Feldmeister« und ging vorerst bis zum »Hauptfeldmeister«, – ein solcher war unser Lageroberster, und er hieß Berger. Die nächste Charge war dann »Arbeitsführer« betitelt, hätte beim Militär einem Major entsprochen. Ein Mann dieses Rangs nahm zum Ende unserer Dienstzeit den Führerposten ein, und ihm (nur ihm) bewahre ich ein freundliches, wenn auch gleichmütiges Gedächtnis.

Der Dienst bestand abwechselnd aus einer Woche mit Schaufel und Spaten am Weichseldamm und einer folgenden mit »militärischer Grundausbildung«. Und jeweils zum Ende der einen Woche freute man sich auf die nächste, – wofern von »freuen« überhaupt die Rede sein konnte. Denn die Atmosphäre war freudlos ganz und gar. Brutale Kommandos hielten diese Einheit zusammen, und wir Knaben hungerten und froren. Denn der frühe Frühling im alten Polen hatte noch bitterkalte Nächte, und der Kanonenofen in der Truppunterkunft fraß viel Brennmaterial. Aber es gab keines, – es blieb jeweils ein Wunder, dass abends doch ein Feuer brannte und man rauchende Brotscheiben auf der Platte röstete. Die Verpflegung war jämmerlich, obwohl 1941 noch kein peinvolles Mangeljahr war. Immer hatten wir Hunger. Zwei Scheiben feuchten Brotes morgens und dazu ein Löffel einer marmeladenartigen Masse. Mittags dann vor allem Rote Bete, es müssen Güterwagenladungen von Roter Bete in das Lager oder zur Baustelle gekarrt worden sein. Abends wieder Brot und irgendetwas wie Wurst oder Käse –, wir waren derart ausgehungert, dass wir uns Lebensmittel bei den polnischen Bauern der Umgebung zu besorgen versuchten. Was riskant weil verboten – und den Polen zuwider war, die behalten wollten, was sie hatten. Festtag war, wenn die Küche eine gelbe süße klebrige Puddingsuppe ausgab, der Stubendienst versuchte, ihrer in Mengen und sogar auf Vorrat habhaft zu werden, das heißt, er füllte sie in seine Waschschüssel. Ein hygienisch bedenkliches Verfahren, denn diese Blechschüsseln waren nicht sauber, wie denn auch, heißes Wasser gab es nicht, sondern nur eine einzige Pumpe im Freien für fast 200 Mann (die »Führer« hatten ihre eigenen Unterkünfte und Akkomoditäten). Die Zeit zwischen Wecken und erstem Antreten war kurz, viel zu kurz, als dass man sich hätte gründlich waschen können, jeder pumpte und gab den Schwengel dem Nächsten und machte, dass er wegkam mit seiner Schüssel, um sich schleunigst in sein Drillichzeug zu zwängen. Jede Fortbewegung über das ganze weit ausladende Areal vollzog sich im Laufschritt, – nicht nur aus Zeitnot, sondern weil das Gehen im Schritt als Menschenmaß, also als Verstoß gegen die inhumane Eigengesetzlichkeit der Lagerexistenz empfunden und geahndet wurde.

Und es lag ein Buch aus, gemäß der Anordnung einer übergeordneten Instanz dazu gedacht, Zeugnis abzulegen von der Qualität der jeweiligen Mittagsmahlzeit. Da sollte dann der vom Zufall bestimmte Arbeitsmann sein Urteil formulieren, – und was durfte man Seite für Seite unter jedem Datum lesen? Niemals anderes als die gefällige Standardformel: »Schmackhaft und reichlich«.

Übrigens war nach aller Erfahrung dann doch die Woche der militärischen Ausbildung einfacher zu überstehen als die der Arbeit am Weichseldamm. Denn wir blasshäutigen und mageren Abiturienten, die nie eine Schaufel in der Hand gehabt hatten, wir wurden unerbittlich angetrieben, – und manch einer brach zusammen unter dem Zwang, die regelmäßig und allzu schnell heran- und wieder abrollenden Loren voll zu schaufeln. Die Not der Anstrengung ging weit über unsere Kräfte, wir wurden angetrieben wie Leibeigene, ich weiß, was ich sage, und ich weiß auch, dass ich in alldem eine klägliche Figur gemacht habe. Mir selbst erträglich nur durch den Umstand, dass hundert andere nicht minder kläglich zitterten. Unvergessen die Hilfe, die mir Olli Rütz zuteil werden ließ, Jungarbeiter mit dem Rücken eines jungen Stiers, und er legte nach, wo ich versagte, und er schaufelte die letzten Ladungen für mich mit.

Wehe aber dem, der einen Augenblick nur einhielt, um durchzuatmen. »Spielen Sie hier kein Arbeiterdenkmal!«, bellte es dann aus Führermund. Ohnehin arbeiteten wir ameisengleich, nach wessen Plan und

Konzept wir als letzte Rädchen im großen Räderwerk des Bauplans funktionierten, blieb unklar. Und heute, im Hernach, ist es mir ein frohes Bewusstsein, dass die Polen profitieren von unserer Arbeit am Weichseldamm, der damals »deutsches Land« einzudämmen vermeinte …

Es verdient angemerkt zu werden, dass der Arbeitsmann Nicolaus Sombart, Sohn des berühmten Sozialwissenschaftlers Werner Sombart und mit mir dem ersten Zug zugeteilt, von Hauptfeldmeister Berger einen Auftrag erhielt, der seinem Bedürfnis nach kreativem Tun ebenso entgegenkam wie dem nach Schonung seiner Person: nämlich ein Modell des Lagers zu formen aus Plastilin. Das Kunstwerk erlebte seine Vollendung nicht, der Künstler wusste sie klüglich hinauszuzögern …

Die Woche des ›Militärischen‹ erschien nach der Damm-Woche nahezu erholsam. Wir hantierten nicht nur das Gewehr, sondern auch den Spaten, – und für dieses Gerät hatte man ein eigenes Exerzierreglement entworfen: »Den Spaten – über!«; und »Spaten – ab!«; und – breitbeinig – »Habt – acht!«. Vor allem aber das präsentierende Glanzstück, das optisch auf die Zuschauer in den manegengleichen Foren bei feierlichem Anlass einen erhebenden Eindruck machte: »Achtung! – Spaten fasst an!« Dann reflektierten nämlich Hunderte oder Tausende von Spatenblättern das Sonnenlicht, das machte als Lichtspiel einen Überraschungseffekt von blitzender Wirkung und imponierte ungemein.

Der Alltag war auf andere Wirkung aus. Wir marschierten und sangen: »Unsre Herzen, die sind jung, / Unsre Lieder klingen. / Unsre Arbeit wird das Bruch- / Und das Brachland zwingen. / Altes vergeht, / Neuland entsteht, / Was sich uns entgegenstellt, / Machen wir zunichte …« Unter diesen Refrain war, nicht ungeschickt, eine zweite Stimme eingebaut, kontrapunktisch stützend: »Fasst die Spaten / Kameraden, / Neuland wartet / Unsrer Taten …« Eine Morgenfeier gab es auch einmal, und wir sangen in Rudolf Alexander Schröders Worten, was schon den Ersten Weltkrieg hymnisch begleitet hatte: »Heilig Vaterland, in Gefahren, / Deine Söhne sich um dich scharen …«

Und der Refrain bot sich der zweiten Stimme gefällig an. So bedenkenlos wie unbedacht sang man diese Worte und fragt sich heute, ob man sich damals nicht fragte, was das heißt: »… wenn der Fremde dir deine Kronen raubt …«; das mag noch hingehen, ist halt vaterländisches Pathos, dann aber: »Deutschland, fallen wir / Haupt bei Haupt.« Erst klingt das als Gelöbnis, wird dann zur Prophezeiung, endet in der furchtbaren Wirklichkeit derer, die da liegen Haupt bei Haupt, das waren auch meine Mitschüler …

Wir kamen durch, irgendwie, möglichst ohne uns der Gefährdung durch das »Revier« auszusetzen, wo ein »Heilgehilfe« das Seine tat, und dieses Seine erregte eher Beängstigung als Heilung. Drei Monate als Arbeitsmann, wehe, man sagte versehentlich »Arbeitsdienstmann«. Dann wetterte es: »Dienstmänner stehen auf dem Bahnhof!«

Drei Monate nur, der Krieg hatte die Dienstzeit um die Hälfte verringert. Aber auch diese drei Monate wollten uns als endlose Zeit erscheinen. Bis wir dann unser Paket, den Pappkoffer mit unserer Zivilkleidung, wieder aufnahmen und uns auf den Weg in die Heimat machen durften. Der Weg in die Heimat war der Weg in den Krieg. Der nach Polen und nach Frankreich sich anschickte, ein Weltkrieg zu werden: Hitler griff ihn an, seinen Bündnisgenossen Stalin.

SOLDAT (1941–1944)

K riegsfreiwillig« hatten wir uns gemeldet. Das klingt nach hohem Ton, klingt nach Preußens Freiheitskriegen, nach Scharnhorst und Gneisenau, nach den Schill'schen Husaren und Dichters Heldentod: Theodor Körner.

Schöne Assoziationen, sie führen irre. Wir hatten uns gemeldet zum einen, weil alle es taten. Es gehörte sich so. Zum andern, weil wir wussten: Wir würden ohnehin eingezogen werden, es kam auf ein paar Monate früher oder später nicht an. So jedenfalls dachten wir. Und die Anwärter für die aktive Offizierslaufbahn wurden schon ein halbes Jahr vor dem Abitur einberufen, ohne gymnasiale Abschlussprüfung …

Auch uns, den Übriggebliebenen, wurde es leicht gemacht im März 1941, das Abitur war eine Farce und bestand im Wesentlichen aus einem langen Aufsatz.

Ins Leben entlassen, das hieß Einberufung. Wieder Abschied von der Mutter. Fahrt nach dem schlesischen Sagan, wo ich mich in der Panzer-Ersatzabteilung vier, Fünfte Kompanie, zu melden hatte.

Die Art, wie mit uns kriegsfreiwilligen Rekruten verfahren wurde, sagt einiges aus über den Geist der

Zeit, über den der Wehrmacht, der wir nun dienen sollten (und wollten).

Darum in einiger Ausführlichkeit ein Bericht über die Monate meiner Rekrutenzeit. Ich hatte den Ehrgeiz, ein guter Soldat zu sein, »wie Vater und der Ahne«.

Es galt der alte militärische Grundsatz: »Der Leutnant, für den seine Leute nicht nach wenigen Tagen durchs Feuer gehn, hat versagt.« In diesem Sinne versagten sie nahezu alle, die Offiziere, denen ich, denen wir in der Ausbildungsphase ausgesetzt waren. Versagten mit Ausnahme – und ich bin froh, mich der Namen noch zu erinnern – der Leutnante Ritter und Moch. Der eine uns vorgesetzt noch im Ersatzheer, der andere an der Front. (Moch war dann später in den Jahren der Berliner Universitäts-Turbulenz 1967 f. Vize-Polizeichef, – und wurde so ungerecht wie heftig angegriffen.)

Chef der Fünften Kompanie war Hauptmann Dr. du Ménil. Altfranzösischer Adel, als »du Ménil« wurde der Sohn des großen Malers Georges de La Tour nobilitiert im 17. Jahrhundert, aber von de La Tour wusste ich damals noch nichts. Hauptmann Dr. du Ménil war ein Mann in den Fünfzigern. Aufgedunsen das grobe Gesicht, aufgebläht der massige Leib. Er verbrachte seine Nächte mit Saufen und seine Tage mit Schlafen, – so hieß es, und das war kein bloßes Gerücht. Sich um die ihm anvertrauten Rekruten zu kümmern kam ihm nicht in den Sinn, ich habe ihn nur wenige Male gesehen, – das erste Mal, als er mich vor versammelter Mannschaft bei der Parole- und Briefausgabe anbrüllte: »Sie scheinen mir ein riesengroßes Arschloch zu sein!« Mein Vergehen: Meine Mutter hatte einen Brief an den Schützen »Herrn« P. W. gerichtet.

Eine andere Begegnung mit Hauptmann Dr. du Ménil geschah zu nächtlicher Stunde. Wir tief und erledigt schlafenden Rekruten wurden geweckt durch Musik und knallenden Marschtritt auf dem Flur. Unsern staunenden Augen zeigte sich der Hauptmann im Paradeschritt, eskortiert von einem Korporal mit Handharmonika und zwei jungen Mädchen jeweils rechts und links im Arm, – Tänzerinnen im Kostüm und wohl übrig geblieben von einer der gehobenen Abendveranstaltungen im Offizierskasino. Der lebensfrohe Lärm verhallte, und wir krochen wieder auf unsere Matratzen.

Das pädagogische Ideal der Rekrutenerziehung war in diesen Jahren degeneriert zum Prinzip des Kadavergehorsams. Die Mittel zu diesem Zweck waren durchwegs sadistischer Natur. Das Unteroffizierkorps der Heimatarmee bewährte sich auf niedrigstem Niveau. Ihnen, den Unteroffizieren und Feldwebeln, waren wir ausgesetzt, – die Offiziere hingegen kümmerten sich vor allem um sich selbst und die Instandhaltung ihrer Uniform mit Hilfe ihres Putzers (im alten Heere hießen sie »Burschen«), und jedem Offizier stand einer zu. Kein unbeliebter Posten übrigens, er dispensierte oft vom strengen Dienst.

Der Unteroffizier unserer Korporalschaft hieß

Kurschewitz. Er übte mit uns »das hässliche Lachen«, wenn er uns nächtlich aus dem Schlaf scheuchte, und was immer wir gut- oder übelwillig machten, es war in seinen Augen und Worten »Mausepisse«. Der die Kompanie faktisch beherrschende »Spieß«, der Hauptfeldwebel, hieß Staskewitz. An jedem Sonnabend stand »Revier reinigen« auf dem Dienstplan, und an jedem Sonnabend brüllte er bei der Befehlsausgabe: »Kriegshilfsnotabiturient Wapnewski mit vier Mann zum Reinigen der Aborte und Waschräume.« Das mochte noch angehen, aber wenn ihm das Resultat unsres Mühens nicht zusagte, dann konnte es geschehen, dass er uns befahl, mit unseren Zahnbürsten die Rillen des Fußboden-Kachelbelags zu säubern …

Zugführer des Ersten Zugs war Leutnant Brodhagen. »Im Zivil« irgendeine Charge beim Zoll. Montags »schliff« er uns mit besonderem Vergnügen, ließ uns also bis zum Umfallen exerzieren, »Christenverfolgung« nannte er das poetisch, die höchste Steigerung war der gebrüllte Ausruf »Gaas!«, und dann mussten wir uns, atemlos wie wir schon waren vom Laufen, Knien, Robben, die Gasmaske über den Kopf ziehen und weitermachen, – ich erinnere mich, wie Tränen der Wut an meiner Maske herunterleckten und im Frost zu kleinen Eiszapfen erstarrten.

Leutnant Brodhagen gab auch Unterricht. So belehrte er uns über den Fahneneid. Dessen sittliche, ihn begründende Voraussetzung ursprünglich die Freiwilligkeit gewesen war. Ich meldete mich: »Bitte Herrn Leutnant fragen zu dürfen, was geschieht, wenn ich den Eid auf den Führer nicht ablege?« Leutnant Brodhagen klärte den heiklen Fall so schlicht wie eindeutig. »Kohlrübe ab, Wapnewski!«

So viel zum Fahneneid, – der, wie man weiß, für die Offiziere des 20. Juli 1944 eine ambivalente, qualvolle Gewissensprüfung war. Und so viel zum Chef der Fünften Kompanie, so viel zum Führer des Ersten Zugs. Den Abteilungskommandeur (die »Abteilung« entsprach bei der Panzertruppe dem »Bataillon« des Heeres) habe ich ein Mal gesehen, von ferne, als eine Art entrückter Gottheit. Dabei war er doch nur Major, und er hieß Waldeck (alter österreichischer Adel, sagte man).

Ich sagte es schon: Ich wollte ein guter Soldat sein. Das hatte Folgen. Als nach abgeschlossener Rekrutenausbildung das Gros der Kompanie versetzt wurde, zwang ein Befehl ein Dutzend von uns zum Bleiben. Wir wurden ernannt (nicht »befördert«) zu dem lächerlichen und verachteten Grad eines »Oberschützen« und zu Hilfsausbildern. Den Korporälen zur Seite gestellt, um ihnen nützlich zu sein bei der Ausbildung des nächsten Rekrutenjahrgangs. Dem ich zuweilen auch das Singen beizubringen hatte, denn der Gesang befeuert den Marschtritt und nährt den Gemeinschaftsgeist. Es ging bei uns vor allem um ein Lied, dessen Text einer unserer Korporäle verfasst hatte, und der ging so: »Wir sind die Panzerschützen / Vom Todesregiment. / Wo Dreck und Kugeln spritzen, / Ist unser Element. / Das gibt ein hartes Ringen / Der Sieg, er muss gelingen.« Dies die logische Conclusio, ihr folgte der Refrain: »Liebes Mädel, lass das Weinen, / Liebes Mädel, lass das Weinen sein. / Ist die letzte Schlacht gewonnen, / Kehr ich zu dir heim ...«

Der kriegerische Frohsinn der ersten Strophe, stümperhaft alten Landsknechtsliedern abgehört, forderte seine Ergänzung in Strophe zwei: »Und sollt' ich dabei fallen / Für unser Vaterland, / So denke stets: mein Leben, / Es lag in Gottes Hand. / Der Sieg er muss gelingen ...« und so weiter. Hans Henschel, nicht nur mein Kamerad, sondern auch mein Freund, fragte, nicht dumm, ob es nicht besser heißen solle: »Mein Leben / Lag in des Führers Hand ...«

Der für diesen Fall als zuständig geltende Unteroffizier, Hartwich sein Name, kam, dem Konflikt ausgesetzt, sich für die göttliche oder die Führerkompetenz zu entscheiden, mit sich überein, den erdachten Ernstfall doch besser der Sache mit Gott zu überlassen.

Jenseits des Liedgutes und seiner vaterländischen Komponente hatte ich meinen Korporal zu entlasten, wenn es um Waffendienst ging, also um das Auseinandernehmen des MGs 34 (»Nichts leichter als wie das«, trompetete Unteroffizier Kurschewitz), außerdem meldete ich mich zur Fahrausbildung. Nicht zu der im Auto, also LKW, was vernünftig, nämlich voraussehend gewesen wäre. Aber die Wagenfahrer gehörten zum Tross der Kompanie, nicht zur panzerbewehrten Kampfstaffel. Die Männer vom Tross aber hatten graue Uniformen statt der schwarzen und verkörperten eine mindere Schicht soldatischen Ansehens. Also lernte

ich Panzerfahren und erhielt schließlich den Führer-
schein, der mich zur Meisterung sämtlicher damals
gängiger Panzertypen berechtigte. Es gab, dies sei als
Kuriosum für den Erfahrenen mitgeteilt, einen Typ
(er trug die 7,5-Kanone), der mit einer Automatik von
Maybach ausgestattet war und nicht weniger als zwölf
Vorwärts- und vier Rückwärtsgänge hatte. Und entsprechend schwer beweglich war. Als weitere Kuriosi-
tät sei nicht unterschlagen, dass es mir einmal gelang,
den einen einzigen mageren Baum auf weiter freier
Ebene zu Schanden zu fahren … Der vor Wut seine
Stimme ins Falsett zwängende Fahrlehrer strafte mich
durch die Übung des »Bodenfreiheit-Messens«, das
heißt, ich musste unter dem Panzer in all seiner Länge
hindurchkriechen, mehrere Male … Was wörtlich
atemberaubend war.

Bleibt die Frage, die vorläufig nur zu beantwor-
tende: Was hat man gelernt in dieser Lebensphase, die
man in romantischer Zeit die des Jünglingsalters genannt hat? Weltbewegendes wie Waffenreinigen und
Bettenbau, und vielleicht, dass wir mehr aushalten
konnten als gedacht, wir, die psychisch und körper-
lich unzulänglich ausgestatteten Bürgersöhnchen.
(Aber das hatte auf seine Weise auch der Arbeitsdienst
schon zu lehren vermocht.) Und »gelitten« in einem
strengeren Sinne haben wir ja nicht, – was wir durch-
machten, ist nichtig im Vergleich mit dem, was Hunderttausende von Kameraden dann an den Fronten
und schließlich in den Arbeitslagern der Gefangenschaft zu durchleben und zu durchleiden hatten.

An der Front

Im Juni 1942 wurde die Fünfte Kompanie verladen. Panzer vom neuesten Typ: »Fünfzentimeter Langrohr«, auf Tieflader-Güterwagen nach Ost ging unser Ritt. Etwa sechs Tage und Nächte lang. Und wir machten uns staunend eine erste Vorstellung von der oft berufenen Weite der russischen Landschaft. Wir gehörten zur Heeresgruppe Süd, zur 13. Panzerdivision unter Generalleutnant Herr.

Unsere Panzer fuhren, ausgeladen, tagelang in ein endlos sich erstreckendes Meer von Sonnenblumen hinein. Ein Bild der Unwirklichkeit, nur der Breitleinwand des Kinos vergleichbar: Die abendliche Sonne über uns im Rücken, leuchteten uns Zehntausende, Hunderttausende von Sonnen an, es war ein Rausch in Goldgelb und ganz und gar unwirklich und fern allem Kriegsgeschrei. Mein Freund und Kamerad Sepp Schydlo aus Breslau aber schmetterte vom Turm mit hellem ausgebildetem Tenor die Gralserzählung aus dem *Lohengrin*: »In fernem Land, unnahbar euren Schritten ...«

Das riesige Gebiet hinter der eigentlichen Frontlinie, Ruhe- oder Aufmarschstellung, ist besonderer Beschreibung wert; es ist eine Landschaft, durchzogen von vibrierenden Strömen, ein durcheinander wirbelndes geordnetes Chaos von Panzern und Kübelwagen, von Motorrädern und Sanitätsautos, ein wirres Gemisch von Truppenteilen in den verschiedensten Uniformen, Kaskaden von Zeichen und Nummern, das Ganze oszilliert und funktioniert geisterhaft nach unsichtbaren Signalen. Wir tankten auf, munitionierten auf, – und gaben irgendwann unsern ersten Schuss ab. Das war nördlich von Rostow beim Übergang über den Don. Die ersten Toten lagen als aufgedunsene Leichen am Weg, beklommen in Augenschein genommen von den Unerfahrenen (die Kompanie bestand zur Hälfte aus Neulingen); und bald waren die Toten unsere eigenen Kameraden. Der Kompaniechef – ein Oberleutnant – befahl mir, einen Brief zu schreiben, dem weitere folgen sollten: an die Angehörigen von Kameraden, die ich doch kaum gekannt hatte. Immer aber hieß es: »Einer unserer Besten …«

Der Sommerfeldzug, allemal einfacher zu ertragen als das Wintergefecht oder die Winterschlacht, hat seine egozentrischen Eigentümlichkeiten. Bedingt vor allem durch die Kürze der Nacht. Da fielen die Russen wie wir in betäubten Schlaf, drei oder vier Stunden nur. Auch der zur Wache Eingeteilte wurde von der Müdigkeit widerstandslos überwältigt, – »Wachvergehen«, das Militärstrafrecht kennt kaum ein schlimmeres Versagen …

Mich hatte das Los getroffen – anders kann ich den Vorgang nicht ausdrücken –, in unserem Panzer den Posten des Ladeschützen einzunehmen. Für den ich ungeeignet war, nicht zuletzt, weil nur als Richtschütze ausgebildet.

Wie denn überhaupt zu sagen ist – und diese Feststellung kann einem noch nach einem halben Jahrhundert den Atem beklemmen –, dass wir ganz und gar unzulänglich vorbereitet waren für das Kriegshandwerk. Wir hatten gemäß HDV (»Heeresdruckvorschrift«) das »Erweisen der Ehrenbezeigung« (zivil: »Grüßen«) gelernt, die Schritte abgemessen und den Kopf gewinkelt; hatten gar das völlig sinnlose »Panzerexerzieren« (das heißt Übungen nach Marionettenart am Panzergehäuse) geprobt, – aber wie Fahrer und Funker und Schützen im Detail ihr Gerät zu behandeln, wie sie sich zu verhalten hatten im feindlichen Feuer, – das begriffen die Neulinge erst, als es sehr ernst – und manchmal schon zu spät war.

Dazu ist überdies anzumerken, dass die Militärverwaltung meiner Person nicht gewachsen war. Der Panzerwaffe sollte nur zugewiesen werden, wer nicht größer war als 1,80 m. Ich aber war acht Zentimeter länger. Und wer kein Brillenträger war, – ich aber trug eine solche seit langem. Beide Vorbehalte waren, bezogen auf die Bedingungen der Panzerwaffe, durchaus vernünftig, denn die Körperlänge wie die Brille waren jeder Entfaltung persönlicher Kampfkraft in dem engen und bei Tempo im Gelände wild schaukelnden Stahlkäfig spürbar hinderlich. So hatte ich mich denn auch, einigermaßen korrekt informiert, zur Panzerabwehr-Truppe gemeldet, – und landete just bei denen, die ich abwehren wollte: bei den Panzern also. Und hielt mich im Gefecht, zusammengekrümmt, so brav, als es nötig war: Schleuderte die Granate unterschiedlichen Typs, Spreng- oder Panzergranate, über den Verschluss ins Rohr, knallte die Faust auf den Sicherungsknopf, brüllte »Fertig!«, – dann konnte der Richtschütze schießen. Ein Bewegungsfeldzug gehorcht nicht einem imaginären soldatischen, sondern einem sehr nüchternen mechanischen Gesetz. Irgendwann – und meist sehr bald – ist der Treibstoff verbraucht, die Munition verschossen. Und Menschen und Material atmen durch in der Ruhestellung, – wenn die Lage es erlaubt. Hier war ein sehr deutscher Wesenszug zu beobachten. Kaum zur Ruhe gekommen, ruhten wir doch nicht, bevor wir nicht unsere Kleidung und uns gewaschen hatten, mit Wasser, das wir uns von den Russen holten aus ihren Katen. Und wenn es das Glück wollte, gab es auch Eier und Brot und Milch. Wir forderten nicht, sondern fragten – und zahlten.

In freundlicher Erinnerung bleibt mir eine Szene in friedlicher Abendsonne. Ich stand vor dem Major, meinem Abteilungskommandeur, meinen Stahlhelm nicht etwa auf dem Kopf, sondern in beiden Händen, und er griff in einen Haufen von Bonbons und teilte aus, – kommentierend, dass ihm nun ein Kindheitstraum erfüllt werde: Mit vollen Händen in einen Haufen von Süßigkeiten greifen – und sie essen und ausgeben zu dürfen … Eroberte Ware, und nicht eben sehr bekömmlich. Meine ganze Besatzung lag magenkrampfig darnieder, nur ich war noch einsatzfähig, es war gut, dass die Russen ähnliche Probleme zu haben schienen an diesem Tag.

Im Übrigen ist über mich als Frontsoldaten nur zu sagen: Ich hatte wahrlich Glück. Während des wohl fünften Angriffs unserer Kompanie drang ein panzerbrechendes Geschoss in unser Gefährt und explodierte vor meinem Gesicht. Vermutlich die Ladung einer so genannten Panzerbüchse. Es drangen Dutzende von kleinen Splittern in meine linke Gesichtshälfte, – und in das Auge. Hätte ich den Kopf nicht zufällig nach rechts gehalten, wäre ich, wie einleitend berichtet, blind gewesen.

Noch während des Gefechts wurde ich aus dem Panzer gehoben (alles war voller Blut, und ich sah beschädigter aus, als ich war) und von einem Sanka (Sanitätskraftwagen) zum Hauptverbandsplatz gefahren. Wo sie alle lagen, blutend und verstümmelt und stöhnend, ja wimmernd in Reihen aufgebahrt. Zwischen ihnen weiß wimmelnd Ärzte und Pflegepersonal, und es kam mir all dies vor wie Kino, und die Bilder flimmerten, und im Kopf hämmerte die Melodie dieses idiotischen Marschlieds von den Panzerschützen und vom Dreck und den Kugeln, die spritzen …

Wie ich dann in das zerschossene Rostow gekommen bin, weiß ich nicht mehr, wohl aber, dass ich mich mit vielen andern Verwundeten wiederfand auf dem Fußboden eines Klassenzimmers in einem Schulgebäude, das getroffen aber noch standfest war. Wir lagen auf Stroh, und es gab eine Tafel Schokolade; an

Schlaf war inmitten der animalischen Geräusche versehrter Menschen nicht zu denken.

Irgendjemand brachte mich am nächsten Tag in seinem Wagen nach Taganrog am Asowschen Meer. Ich hatte eine Karte vor der Brust, die meine Hilflosigkeit auswies und meine Identität angab und Tag und Stunde und Ort und Art der Verwundung. Der Kopf war dick eingewickelt in sich allmählich verfärbenden einst weißen Mullbinden, das rechte Auge blieb frei.

Eine Nacht im Notlazarett von Taganrog, neben zwei gänzlich verpuppten Gestalten, aus ihren weißen Mullrüstungen drangen nur mühsame Atemzüge: Minenopfer alle beide. Es war noch Nacht, als der Arzt mich weckte und mir einen Brief in die Hand gab, ich solle ihn in der »Heimat« frankieren und abschicken. Ein Brief an seine Frau.

Ich wurde in ein Flugzeug geladen, in eines vom Typ der guten alten Tante Ju. Der erste Flug meines Lebens, ich hatte ihn mir anders vorgestellt. Wieder lag ich inmitten anderer Verwundeter, gebettet auf Stroh, und wieder gab es eine Tafel Schokolade. Ich konnte mich hochziehen ans Fenster und sah, dass wir tief flogen, knapp über den Baumwipfeln, und so vor Abwehrfeuer vom Boden geschützt. Irgendwann landeten wir, – und waren in Krakau. Wieder ein Lazarett, jetzt ein hygienisch geordnetes. Die Ärzte versuchten, mir die Splitter aus Auge und Gesichtsgewebe mittels eines Magneten herauszuziehen, – was zu aller Enttäuschung misslang, das Geschossmaterial erwies sich als magnetresistent. Also war der Chirurg gefragt, – und der war weit. Man lud mich nach einer Woche etwa – in der ich von Krakaus Wundern und Schönheit nichts zu Gesicht bekommen hatte – in einen weißen weichen Lazarettzug, der fuhr und fuhr und kam irgendwann in einer kleinen sächsischen Stadt namens Leisnig an. Das Lazarett war dann auch sächsisch ganz und gar, das heißt von einem klinischen Ordnungs- und einem soldatischen Kommandowesen bestimmt. Bis hin zur Regelung der Kopfbedeckung, falls ein Schritt in den Garten erlaubt oder geboten war. Unvergesslich Stabsarzt Dr. Stephan, der – kaum zu glauben – doch ein Reservist war. Seine Visite – ich verbürge mich für jedes der hier geschilderten Details – bestand in folgendem Ritual: Es meldete der Stubenälteste, ein Korporal: »Zimmer siebzehn belegt mit neun Mann. Keine besonderen Vorkommnisse!« Nun gab sich Stabsarzt Dr. Stephan seiner ärztlichen Berufung hin. Das geschah, indem er sich ans Ende der nebeneinander aufgereihten Betten stellte, ein Knie beugte (er hatte auffallend schicke Reitstiefel), ein Auge zukniff und nun die oberste Linie der Fußenden aller neun Bettgestelle anvisierte, ihre reine Reihung prüfend, abgleichend. War das Ergebnis befriedigend (es war, denn wir kannten diese Marotte und hatten zuvor die Betten sorgfältig zurechtgerückt), nahm er sich unserer Wunden an – und kommentierte sie in meinem Falle mit den tröstlichen Worten: »Als ob de Radden dran geknabbert hätten!« Denn es war in der Tat so, dass die linke Gesichtshälfte immer noch geschunden war von den Geschosssplittern, die Nase vor allem.

Nicht zu vergessen der Besuch der niedlichen BDM-Jungmädchen: In hellem sächsischem Singsang: »Heil Hitler! Die Heimat grüßt euch! Wir bringen Liebesgaben!« Das waren Kekse und Bonbons und Büchelchen vom Heldenkampf unserer Soldaten. Wir erhielten all dies aber mit strenger Weisung, die guten Dinge nicht anzurühren, bevor nicht der Ortsgruppenleiter der Partei uns und sie betrachtet habe. Er kam dann, am nächsten Tag, und wir durften zu den Liebesgaben greifen …

Dankbare Gefühle aber gehen zurück zu der tüchtigen Stationsschwester, Margot hieß sie, und zu der schönen Schwesternhelferin Edeltraut, der mein Sehnen gehörte. Ohne Folgen, denn meine Mutter hatte inzwischen eingegriffen. Sie hatte erfahren, dass ein Verwundeter, dem ein Heilungsvorgang von geraumer Zeit noch bevorstand, auf Antrag in die Stadt seiner Familie transferiert werden konnte. So wurde ich wieder in Marsch gesetzt, ein (vorläufig) letztes Mal. Und abgesetzt in Berlin, im Reservelazarett 101, Spandauer Damm. Ein weit gespannter Klinikkomplex, aus vielen einzelnen Häusern bestehend (späteres Virchow-Klinikum). »Augen« war Station (und Haus) 17.

Damit setzt ein neues Kapitel meines Lebens ein. Eins von einschneidender und nachwirkender Bedeutung.

Hier »lag« ich vom Herbst 1942 bis Januar 1944. Hier lernte ich Horst Lange kennen, der ein bedeutender Schriftsteller war und der mir (und mit ihm seine Frau Oda Schaefer, eine wunderbare Lyrikerin) ein väterlicher Freund wurde. Ihnen gebührt ein eigenes Kapitel (S. 96 ff.). Hier wurde ich unter der geistigen und medizinischen Obhut dreier ausgezeichneter Ärzte gepflegt und erzogen. Von hier aus war ich in einer halben Stunde in der Wohnung meiner Mutter, Kantstraße 6 in Charlottenburg. Hier lernte ich Caroline kennen, die ich acht Jahre später heiratete. Diese fast anderthalb Jahre waren für den unerfahrenen jungen Mann ein Initiationserlebnis – menschlich, literarisch, politisch, intellektuell. Und ich betrat zum ersten Mal eine Universität.

Drei Ärzte

Sie waren natürlich Reservisten, alle drei. Chef war der Oberstabsarzt Dr. Max Rütz, ein liebenswürdiger älterer Herr von jovialer Humanität. Ihm zur Seite zwei Stabsärzte. Dr. Gescher, leise und behutsam, fragil wirkend und voll des hintergründigen Witzes. Verheiratet mit der »Muschelkalk«, der Witwe des Joachim Ringelnatz. Im Entree seiner Wohnung übte, der Anatomie abgekauft, wo es zu Lehrzwecken gedient hatte, ein menschliches Skelett das Wächteramt aus. Als das Haus von Bomben getroffen ausbrannte und zusammenstürzte, grub man neben den Leichen auch dieses Skelett aus, – es hieß Jonathan und wurde dann mit den andern in eiliger Feierlichkeit offiziell beerdigt. Gescher hat den Tod gefunden (gesucht?), als die Russen das Lazarett besetzten, im Mai 1945.

Schließlich Dr. Grieger. Glänzender Operateur, pragmatisch und imperativ die große Mehrzahl der täglich anströmenden ambulanten Patienten-Soldaten in sein Sprechzimmer schleusend und behandelnd. Ein Mann, streng im katholischen Glauben gebunden, der Welt vernunftgemäß zugewandt, philosophisch gebildet – und mir auf väterliche Weise zugetan. Unsere Schritte aufeinander zu (bei dem großen Abstand) waren die noblen Keats-Verse aus dessen *Ode auf eine griechische Vase*: »Beauty is truth, / Truth beauty …« und »Mehr als dies braucht ihr auf der Welt nicht zu wissen«. Dass ich dieses Gedicht ›wusste‹, war der Beginn einer Beziehung, die ich freundschaftlich zu nennen versucht bin, – wären nicht die soziale Distanz und der Altersunterschied so groß gewesen. Dr. Grieger erlöste mich aus dem immobilen Patientenzustand und erzog mich zu seiner Sprechstundenhilfe, ich notierte und gab Hilfestellung wo nötig, schließlich vertraute er mir sogar die Sehschärfenbestimmung an und behauptete kühn, ich sei so weit, in den mit Gewissheit zu erwartenden endzeitlichen Wirren nach Kriegsende dank gefälschter Papiere sogar als Ophthalmologe wieder aus dem Chaos auftauchen zu können.

Es geht schon aus diesen Andeutungen hervor, dass in Station 17 der Geist, das heißt der Ungeist der braunen Herrschaft nicht nistete. Im Gegenteil, die verachtende Aversion gegen das Regime war auf Schritt und Tritt spürbar, – freilich bei niemandem in solch beißender Schärfe wie bei Dr. Grieger. Dessen Abneigung gegen die Naziherrschaft sich zu Ekel und Hass verdichtet hatte, – auch übrigens gegen jedes militärische Gehabe und dessen Strammstehen und Hackenknallen. Unsere verwegenen Gespräche über die düstere Lage hatten staatsfeindliche Schärfe, – und waren sich dessen bewusst und in Verzweiflung froh.

Die Natur meiner Verwundung machte eine Reihe von Operationen nötig, alle dazu – letztlich vergeblich – angetan, das Auge zu retten, – wenn auch nicht dessen Sehkraft. Vor allem die nachoperative Phase brauchte Zeit zur Heilung, – und meine toleranten Ärzte erlaubten mir, da tagsüber beurlaubt, mich an der Friedrich-Wilhelms-Universität immatrikulieren zu lassen. Deren Räume – noch unversehrt – ich im Mai 1943 mit andachtsvollem Staunen betrat, mir deklamierend: »Tês d'aretês hidrôta theoì propàroithen ethékan.«

Die Einschreibung schenkte mir eine kuriose Überraschung, die um ihres zeittypischen Charakters willen memoriert zu werden verdient. Es bewegte sich träge eine lange Schlange von Menschen, weiblichen Geschlechts zumeist, auf den Schalter zu, der für meinen Namen zuständig war. Und ihnen allen wurde, wie ich – über die Schultern hinweg – knapp entziffern konnte, eine Urkunde überreicht, die ihnen einen Orden, wohl genauer: ein mir nicht bekanntes »Lothar Kreuz« zuerkannte. Das schien mir übertrieben, dennoch hielt ich es in dieser jegliche Art von Ehrenzeichen freigebig verteilenden Zeit für nicht ungewöhnlich. Zu meiner nicht geringen Irritation vermachte man, als ich an der Reihe war, auch mir diese Auszeichnung, – die indessen keine war. Meine verminderte Sehschärfe hatte mich getäuscht, denn in der Hand hielt ich nun die Urkunde, die bezeugte, dass der Student P. W. zum Sommersemester immatrikuliert wurde »Unter dem Rektorat des Professors der Orthopädie LOTHAR KREUZ«.

Eingeschrieben hatte ich mich natürlich an der Philosophischen Fakultät. Und doch so natürlich nicht, denn mein Abiturzeugnis vom Jahre 1941 schmückte noch die Behauptung: »Wapnewski will Jura studieren«. Im Sommer 1943 aber war ich immerhin klug genug, um zu wissen: Dieser Krieg wird mit der endgültigen Niederlage Deutschlands enden. Darüber hinaus aber war ich neunmalklug überzeugt, dass es dann für unsereinen keine Möglichkeit ›normalen‹ Weiterlebens geben würde. Ich hielt Deportation und gänzliche Entrechtung für möglich, ja wahrscheinlich, und hatte vage von Plänen etwa Morgenthaus oder Vansittards vernommen … Früchte der Belehrung durch meine Ärzte in der Station 17. Also war ich mir auch sicher, nie einen bürgerlichen Beruf ausüben zu dürfen, – daher beschloss ich, ›das Schöne‹ zu studieren, und das ohne jedes ordnende System. Willkürlich also hörte ich Collegia und belegte Seminare, je nach ihrem anreizenden Titel. Tiefsten Eindruck machte mir Eduard Spranger, bei dem ich mich auch persönlich vorstellte. Zur näheren Erklärung muss gesagt werden, dass inmitten dieser Studentenmengen Männer eine Rarität waren, und wenn sie gar Uniform trugen und durch einen Verband als verwundet gekennzeichnet waren, dann nahmen sie eine privilegierte Stellung ein. Man war, so wollte es das Pathos der Zeit, »Ehrenbürger der Nation«, – und wurde auf mannigfache Weise bevorzugt. Das sollte mir eines Tages zum Schaden, fast zur Katastrophe gereichen. Doch davon später am gehörigen Ort.

So nahm mich denn auch der große und mir schon

greisenhaft erscheinende Nicolai Hartmann (damals 61) auf in sein Oberseminar, darin fertige Doktoren und andere gereifte Persönlichkeiten ihr Denken übten. (Er galt zu jener Zeit neben Heidegger als der bedeutendste deutsche Philosoph.) Und sich in einem mir kaum verständlichen Fachidiom äußerten. Das Thema war des Aristoteles Schrift *Perí psychês (De anima)*, und man erhob sich, wenn der Professor den Raum betrat (was mir als Geste des Respekts gut gefiel). Er lehnte am Fenster, sein Auge sah hinaus und hinauf, unermessliche Dimensionen berührend, und sagte in seinem baltischen Zungenschlag: »Es lohnt sich schon, darüber nachzudenken ...« Für mich lohnte es nicht sachlich, wohl aber hatte ich ein Objekt für mein Verehrungsbedürfnis gefunden (wie schon im Falle Spranger).

Des Weiteren hörte ich Kunstgeschichte bei Pinder (der Letzte, der noch den Ehrentitel »Geheimrat« trug, der 1919 abgeschafft worden war); Theaterwissenschaft bei Knudsen; die so genannte Zeitungswissenschaft bei Emil Dovifat, ihrem Begründer; auch Geschichts- und Musikwissenschaft. Und – natürlich – Germanistik. Denn das Fach »Deutsch« war zu Schulzeiten mir das liebste gewesen. Keinem von diesen Dozenten hörte ich Sympathien ab für die herrschende Lehre und ihre verderbliche Ideologie.

Die Germanistik wurde damals vertreten durch die Ordinarien Franz Koch, Hans Pyritz und den Altgermanisten Julius Schwietering, dem wissenschaftlich bedeutendsten, didaktisch unfähigsten unter ihnen.

Bei seinem Assistenten Friedrich Ohly erlitt ich ein lähmend langweiliges althochdeutsches Proseminar (Ohly wurde später in Münster ein weithin anerkannter Mediävist).

Über Franz Koch braucht kaum etwas gesagt zu werden, er war ein Produkt des Zeitgeistes und hatte eine *Geschichte deutscher Dichtung* geschrieben, – so zäh und langweilig zu lesen wie sein Vortrag anzuhören war. Seine Art, uns von deutscher Art in Sprache und Dichtung zu zeugen, hatte den Charme einer Geräte-Turn-Stunde.

Hans Pyritz, klein von Wuchs, und mit leicht weinerlich klingender, berlinisch gefärbter Stimme vortragend. Er hatte Verdienste als Barock- und Goethe-Forscher, und keiner baute sein Männchen zur Begrüßung seiner Hörer so stramm wie er mit steif ausgerecktem Arm. (Denn natürlich – und wie unnatürlich klingt dieses »natürlich« ein halbes Jahrhundert später – begann jedes Kolleg, jede Seminarübung mit dem »Deutschen Gruß«.)

Dann aber das für mich entscheidende, noch ungeahnt mein späteres Leben bestimmende Bildungserlebnis. Ein schon nicht mehr junger Privatdozent namens Ulrich Pretzel las über die Mittelhochdeutsche Lyrik, über die Gedichte aus *Minnesangs Frühling*. Und nahm sich dieser Lieder an und gab sie weiter an seine Hörer mit einem so hohen Maß an philologischer Genauigkeit wie musischer Empathie, dass mir damit der Weg angedeutet wurde hin zu der Disziplin der »Alten Germanistik«. Die mich ursprünglich nicht gereizt hatte; wenn ich an die Literaturwissenschaft dachte, dann an ihre dem 18. und 19. und 20. Jahrhundert zugehörigen Gegenstände, also an die Dichtung von Gryphius über Goethe bis Rilke. Und mancherlei Gedichte, darunter viele Stefan Georges, hatte ich mir durch Auswendiglernen zu Eigen gemacht. Doch wurde mir im Laufe der späteren Semester die so genannte Neuere Germanistik als Literaturwissenschaft unbehaglich, ich fand in ihr allzu viel unverbindliche Redseligkeit und die Tendenz, sich der genauen Bestimmung des Textes zu entziehen zugunsten der Lust am spekulativen Räsonnement.

Davor schützte in der Alten Germanistik die Notwendigkeit, vor allem geistreichen Urteil das Wort zu studieren und Gotisch zu lernen und Althochdeutsch und Mittelhochdeutsch, historische Grammatik dazu.

So erfuhr ich unter Pretzels behutsamer Anleitung eine erste Näherung an die Mittelalter-Literaturwissenschaft, – ohne dass ich diesen von vielen seiner Hörer angeschwärmten Dozenten damals schon persönlich kennen gelernt hätte.

Bekannt aber wurde mir seine Antwort auf die Frage, warum ein solcher Mann eigentlich (noch) nicht Professor sei? Diese Frage, replizierte er, sei ihm lieber als die, warum einer eigentlich Professor sei …

In diesen beiden ersten Studiensemestern lernte ich meine spätere Frau Caroline aus dem altpreußischen Hause Finckenstein kennen. Und mit ihr Katharina, spätere Mommsen, die eine prominente Goethe-Forscherin in den USA wurde. Und die mir ans Herz wuchs, weil sie, wie man mir kolportierte, über mich zu einer Freundin gesagt hatte: »Der Kerl ist mir so unsympathisch, der ist bei der SS ...« Ein Missverständnis, dem ich nicht nur ein Mal anheim fiel. Ich trug die schwarze Uniform der Panzerschützen, – die verwechselte mancher leichtfertig mit dem Schwarz der ursprünglichen SS-Uniform-Farbe. Die Waffen-SS aber war feldgrau gewandet wie die Masse des Heeres mit bestimmten Unterscheidungskennzeichen.

So viel zu den ersten und als tastend unverbindlich empfundenen Schritten in den Kosmos der Universität. Unernste erste Versuche, mich zurechtzufinden in der Bildenden Kunst, der Literatur, in beider Geschichte. »Unernst«, weil ich an die Chance einer Zukunft nicht glaubte.

HORST LANGE

Von einer großen, mich behutsam belehrenden und erweiternden Freundschaft ist hier noch einmal gesondert zu berichten: Es war in den ersten Tagen nach meiner Einlieferung in das Reservelazarett 101, Berlin, Spandauer Damm. Ich kannte sie noch nicht, die anderen Patienten, die Schwestern und die Ärzte. Augenkranke sind leicht zu handhaben, relativ wenig Bettlägerige, und wir standen an, um Essen zu fassen. Neben mir einer, ein gut Stück älter als ich, das Haar grau gestrählt, der Kopf kantig, von Bau mittelgroß und eher schmächtig. Das war der Gefreite Horst Lange, und ich wusste, er war ein Dichter. Mir schien die Gelegenheit günstig, eine Beziehung herzustellen, unsere Gemeinsamkeit war deutlich, wir trugen beide die gleiche Kleidung, beide einen Verband über dem Auge, beide das Essbesteck in der Hand, – also ich sagte: »Die Kunst geht nach Brot.« Das hatte ich zu bereuen, denn aus dem verbliebenen Auge traf mich ein aussagemächtiger Blick, mir die alberne Zitat-Bemerkung entschieden verweisend, wenngleich nicht ohne Milde. So begann unsere Freundschaft.

Eine Freundschaft, die ungleich austeilte und lohnte. Zwischen einem Manne, der jetzt seine »besten

Jahre« hätte leben sollen, der erwachsen war, ein Akademiker, der die Welt kannte; sie schreibend zu begreifen, auch zu verändern versucht hatte. Der sich hatte den Wind um die Nase wehen lassen, der nicht nur schrieb, sondern auch malte, der vertraut war mit den Namen (und den Menschen hinter den Namen) aus der Szenerie der Kunst und der Künste.

Ich hingegen war nichts – was einem beim Militär besonders deutlich gemacht wurde angesichts der sich ständig wiederholenden Notwendigkeit, den Beruf zu nennen. »Abiturient«, das war eine Angabe von der gefährlichsten Brisanz, leerer konnte keine Existenz gefüllt sein als diese.

Horst Lange also nahm sich meiner an, der Unergiebigkeit des Partners zum Trotz. Und erst spät begriff ich, wie bedacht und überlegt sie es taten, er und seine Frau Oda Schaefer, und beider Freunde.

Denn sie wussten, dass sie mit ihrer Generation noch den Begriff der Freiheit, das *Dulce nomen libertatis*, erfahren hatten. Zwei Jahre vor Hitler waren sie in Berlin angekommen, aus dem schlesischen Oderbruch von Liegnitz, hatten das Kommende erst geahnt, dann gewusst; hatten das, was gefährdet, was unwiederbringlich verloren sein würde, aufzunehmen, aufzuheben versucht; hatten das Berlin der zwanziger Jahre in den ersten beiden Jahren des vierten Jahrzehnts noch in seiner geistigen Gespanntheit, seiner sensiblen Vitalität und kreativen Explosivität zu erfahren vermocht. Und hatten den Umschlag erlebt, verzweifelt, und wider alles bessere Wissen ein besseres Hoffen setzend, und lebten nun in ihrer hellen, mit alten Möbeln und neuer Graphik belebten Dreizimmerwohnung in Zehlendorf, Riemeisterstraße. Im Parterre zwar, aber doch in einer Art Untergrund.

Sie haben mir gegenüber ihre Fürsorge niemals begründet, Horst Lange und Oda Schaefer, aber es ist gewiss, dass sie das Bedürfnis hatten, von allem, was sie bewegte und was sie bestimmt hatte, was sie als menschlich und des Menschen würdig erfahren hatten: dass sie davon ein Teil festzuhalten, weiterzugeben versuchten, indem sie es dem Jüngeren anvertrauten. So tat ich denn, der Einäugige geführt von dem Einäugigen (aber Horst Lange behauptete, Einäugige sähen schärfer und tiefer), vorsichtige Schritte in ein Zwischenreich, das materiell kaum mehr existierte und doch als eigentliche Wirklichkeit zu überdauern bestimmt war. Bücher und Menschen, und da im Lazarett kein Raum war für sie, verließen wir es illegal in den Nächten und wichen den kontrollierenden Heeresstreifen aus mit routinierter List, wie sie das Werkzeug der Schwachen ist. Denn zwar hatten wir keine Passierscheine, wohl aber einen Schlüssel für den geheimen Hintereingang des weitläufigen Lazarettgartens, den Horst Lange als teures Vermächtnis übernommen und später mir übermacht hat. Dieser Weg hieß im Klinik-Jargon der Eingeweihten die »Analfistel«.

So traf ich, illegal auf meine kleine Weise, auf die Spuren der großen Illegalen, traf Heinrich und Thomas Mann und Georg Heym und Thomas Wolfe und

Kafka und Freud, las die Arbeiten der Lange-Freunde Peter Huchel und VauO Stomps, Günter Eich und Elisabeth Langgässer, traf schließlich auf lebendige Menschen hinter Büchertiteln, auf Ilse Molzahn und Henry Goverts, auf Friedo Lampe und August Scholtis, auf Günter Birkenfeld und Erich Kästner, – und zuweilen war auch jemand da, der Worte sprechen machen konnte, Elisabeth Flickenschildt und Maria Wimmer und Lola Müthel.

Es waren karge Zeiten, aber man ging freundlich um mit den Verwundeten, und wenn das mit den »Ehrenbürgern der Nation« auch eine vollmundige Phrase war, so rückte man uns angesichts der Blessuren doch gelegentlich großzügig eine Flasche Wein unter der Theke heraus, es kam einiges zusammen, wenn wir systematisch ausschwärmten, und so nahmen denn die Nächte ausladende Formen an, in denen Horst Lange, der zum Wein ein brüderlich-emphatisches Verhältnis hatte, seine Stimme schwellen ließ bis zum grollenden Donner und in Zungen sprach, und ganz Schlesien war darin und vor allem das dunkle Liegnitzer Bruch und die verlorene Zeit und hilflose Verzweiflung über die gegenwärtige Lage und das Bewusstsein vom hoffnungslosen Geschlecht.

Seine Erzählung *Die Leuchtkugeln* schenkte er mir eines späten Abends mit der nicht eben leicht zu entschlüsselnden Widmung »Das Schwein scheint wie ein Hund ...«.

Ein Dichter, dem man seine Zeit wegnimmt. Der mit dem Beginn seiner dreißiger Jahre seinen ersten

Ruhm erfährt: Da erschien bei Goverts, es war 1937, der Roman von der *Schwarzen Weide*, ein Buch wie ein »östlich breit dahinfließender Strom« (so nennt ihn Oda Schaefer in ihren Lebenserinnerungen), ein Buch von Schuld und Sühne, vom Verbrecher, der zurückgezwungen wird an den Ort seiner Tat, von Gier und Bosheit und Liebe, und alles wuchert heraus aus der Sumpferde des schwarzen Oderbruchs und findet wieder dahin zurück. Die Verständigen begriffen, wie einige Rezensionen zeigen, die Bedeutung dieses Werks, einige vielleicht gar den Versuch darin, den aus der Tiefe emporgegurgelten Führer-Dämon widerzuspiegeln, – die offizielle Kunstbetrachtung freilich vermochte, verständlich genug, nichts anzufangen mit dergleichen östlicher Epik, die voller versehrender Traurigkeit war und bestimmt vom Bewusstsein des Zwanghaften und Getriebenen, die zeugte vom Mühseligen und Geschundenen im Menschen.

Dann der zweite große Roman, *Ulanenpatrouille*, seinem tschakoblitzenden Titel zum Trotz ein durchaus unmilitärisches Buch. Es erschien zu Beginn des Krieges, vorabgedruckt in der *Frankfurter Zeitung*. Wieder ein Versuch, den Osten zu bewältigen, – den man aus diesen Romanen tiefer und wirklicher wird kennen lernen können als aus den Verlautbarungen der heimisches Brauchtum pflegenden Traditionsverbände. Man müsste sie wieder lesen.

Die Augenabteilung unseres Lazaretts war ein nobler Ort, eine Aussparung im System jenes militärischen Schwachsinns, der durchaus auch die der Wundenheilung zubestimmten Institutionen beherrschte. Die drei beschriebenen Ärzte waren ihrem respektablen Dienstgrad zum Trotz nicht Vorgesetzte, sondern menschliche Partner, und den Gefreiten Lange umgab eine Aura von Achtung und Respekt. So fand er hier, zwischen zwei Operationen jeweils, auch die Möglichkeit zu schreiben, das heißt, er selbst zu sein.

Der schließlich aus dem Lazarett entlassene Pionier Lange ging wieder zur Truppe, wurde Korporal und überstand den Krieg. Überstand? Er hat ihn nicht überstanden. Ich weiß nicht, ob das Klischee vom »Stahlbad« je zu Recht geprägt wurde. Ich weiß nicht, ob es das je gegeben hat, dass Tugenden, die man zuzeiten als »männlich« empfand, im Krieg sich nicht nur bewährten (denn das haben sie in der Tat, unter Frauen nicht minder als unter Männern), sondern gar gepflegt, entwickelt, gefördert worden sind. Aber es ist wahr, dass viele, die überlebten, sich nicht wesentlich verändert haben. Andere aber sind, zurückgekehrt, nicht zurückgekehrt. Horst Langes nervöse Sensibilität, seine Leidens- und Mitleidensfähigkeit, das differenzierte System seiner seelischen und intellektuellen Registratur: Sie haben das seit 1933, das seit 1939 Erlebte nicht abhaken, nicht erledigen können. Er war weit über seine Verwundung hinaus ein Kriegsbeschädigter. Zwar spielte München 1946 und 1947 seine Theaterstücke (*Der Traum von Wassilikowa*; *Die Frau, die sich Helena wähnte*), zwar druckten die bedeutenden Zeitschriften seine Gedichte (die Gottfried Benn sehr schätzte), der Rundfunk brachte seine Hörspiele, die Freunde ermutigten ihn, und es erschienen neue Novellen und Romane: Aber er blieb doch einsam, in sich und sein Schicksal eingefangen, und seine magische Naturdichtung, Mensch und Tier und Pflanze und Fluss nicht trennend, sondern als Elementarpartner ineinander fügend, blieb fremd in einer literarischen Umwelt, die sich soeben auf die Technik des Kahlschlags einübte. Mit der Stunde Null anfangend. Bei ihm war Oda Schaefer, mit ihr ihre Gedichte.

Ich habe ihn nur selten wiedergesehen. Man vertröstet sich auf das nächste Mal, und begreift zu spät, dass es kein verbrieftes Anrecht auf ein nächstes Mal gibt. Wir lebten räumlich weit auseinander, mein berufliches Tun berührte ihn weniger als das seine mich. Ich glaubte ja auch, wir hätten Zeit. Am 6. Juli 1971 ist er gestorben, 66 Jahre alt. Im Sommer, wenn alles hell ist und die Erde für Spaten leicht.

Die Anklage

Es war am 25. Mai 1943. Horst Lange und ich machten uns das Vergnügen, das Lokal – eher eine Bar – »Johnny« am Kurfürstendamm aufzusuchen, das Künstlern und Intellektuellen zugetan war, und sie ihm. Nun war es so, dass weniger unsere Uniformen, sondern eher unsere Kopfverbände uns eine gewisse Aura gaben. Wie auch immer politisch eingestellt, – man wollte uns wohl. Und holte unterm Tresen eine Flasche Rotwein hervor oder auch mehrere, und »Johnny« hielt sich nicht zurück, sondern spielte auf und goss fleißig aus. Wir fühlten uns wohl und nahmen unbefangen Kontakt auf mit drei oder vier jungen Offizieren der Luftwaffe. Und nun kann ich lediglich Gedächtnisfragmente wiedergeben: Das waren freundliche Eindrücke, ich meinte, in unsern Gesprächspartnern verständnisvolle Kameraden gefunden zu haben. Zugegeben, meine Erinnerung war lückenhaft, denn dass Lange und ich sturzbetrunken das Lokal verließen, um in die Nacht hinein ein Preislied auf die Schauspielerin Lola Müthel zu singen (die wir an jenem Abend getroffen und gesprochen hatten), – das war mir noch gegenwärtig. Wie wir dann in unser Lazarettbett gekommen sind, bleibt unklar.

Wie auch immer, ich gedachte dieses rauschhaften Abends mit freundlichen Gefühlen – bis zum Abend des 11. Juni. Die Nachtschwester informierte mich: Ich würde am nächsten Morgen festgenommen werden ... Der Schock ließ keinen Zweifel: Ein mir möglicherweise angelastetes Vergehen konnte nur politischer Natur sein, – das war Dr. Grieger wie mir klar, als ich ihm am nächsten Morgen den Fall rapportierte. Er reagierte ohne zu zögern: »Ich erkläre Sie für nicht-haftfähig!« Eine der erfahrenen Krankenschwestern – Irmgard hieß sie und war die OP-Schwester – meldete sich sofort bereit, in die Wohnung meiner Mutter in der Kantstraße zu fahren und eventuell belastendes Material beiseite zu schaffen. Es gab keines, aber es ist dieses Hilfsangebot bezeichnend für den Geist, der auf dieser Station herrschte.

Um zehn Uhr erschien ein alter Unteroffizier, eher wie ein Landsturmmann aussehend, umgeschnallt und mit Pistole, dazu – wie er mich wissen ließ – 16 Schuss Munition. Er lieferte mich im Militärgefängnis Moabit (Lehrter Straße) ab, genauer: im Gericht der Wehrmachtkommandantur Berlin. Ein Kriegsgerichtsrat las den Text der »Strafsache gegen den Gefreiten P. W.« vor. Den ich nur oberflächlich verstand, – wichtiger war mir das Verhalten des Kriegsgerichtsrates. Er schrie mich an: »Das kostet Sie Jahre Zuchthaus, wenn nicht mehr!«, und weiter: »Sauft doch zu Hause ...!« Da klang unüberhörbar ein menschlicher Ton durch, und vielleicht ist dieser Jurist, der Kriegsgerichtsrat Dr. Hasselbach, der erste der Schutzengel, denen ich meine wunderbare Bewahrung vor Gefängnishaft und Gericht und Verurteilung – und dann wohl vor dem Galgen – zu danken habe. Jedenfalls, er nahm das Attest Dr. Griegers, das mich für haftunfähig erklärte, mit den Worten zur Kenntnis: »Dann kann ich Sie nicht hier behalten und muss Sie gehen lassen.« Und mein Unteroffizier brachte mich unversehrt wieder zurück in das Reservelazarett 101.

Ich bin einigermaßen sicher, dass Dr. Hasselbach die Möglichkeit, vielleicht sogar die Pflicht gehabt hätte, mich dem Gefängnisarzt zuzuführen, – der mich zweifellos für haftfähig erklärt hätte. (Immerhin war ich ja vor kurzem noch imstande gewesen, mich in einer Bar bis zur Bewusstlosigkeit zu besaufen …) Die »Strafsache« lautete drohend auf »Zersetzung der Wehrkraft«, und das war, wie damals jedermann wusste, ein todeswürdiges Vergehen.

Wie denn auch unerklärlich bleibt, dass die Militärjustiz den Verdächtigten ungestört ließ in seinem Lazarett, Station 17. Bis zum Tag der Entlassung. Das war am 26. Januar 1944. Da befahl mich der Chefarzt des Lazaretts zu sich, ein aktiver Oberfeldarzt und dumpfer Kommisskopf namens, wenn ich mich recht erinnere, Dr. Hohoff. Er ließ mich strammstehen vor seinem Schreibtisch und verlas einen abenteuerlichen Text, nämlich die (mir später zugesandte) »Anklageverfügung« des Gerichts der Wehrmachtkommandantur Berlin gegen den Gefreiten P. W., »weil er hinreichend verdächtig ist, am 25. Mai 1943 zu Berlin es unternommen zu haben, die Manneszucht in der deutschen Wehrmacht zu untergraben, indem er im Lokal ›Jonny‹ anlässlich einer Unterhaltung erklärte: Die Napola gehört auch zu den HJ-Vereinen, der eine vollkommen falsche Erziehungsmethode vertritt. Der Nationalsozialismus mit seiner Weltanschauung sei Blödsinn, das sei alles Quatsch und würde sich rächen. Über Orden sagte er: ›Orden und Ehrenzeichen sind doch nichtig, das sei alles nichts, sie würden doch ungerecht verteilt. Offizier könne jeder werden; sie bekämen dann auch die entsprechenden Orden.‹ Bei Lokalschluss sagte der Angeklagte zu Lt. Heesen in der Garderobe: ›Es ist schade, dass Sie Offizier sind.‹ Auf dessen Frage, warum, antwortete er: ›Es gibt noch sehr viele Laternenpfähle, an die diese Herren dann passen.‹« – Folgt: »Verbrechen nach § 5 Abs. I Ziff. 2 KSSVO, § 73 RStGB. Beweismittel: Einlassung des Angeklagten, verlesbare eidliche Bekundung des gefallenen Lt. Heesen, Zeugnis des Gefr. Horst Lange, 1. Pi.Ers.Batl. 23. Das Kriegsgericht ist nach § 9 KStVO zu besetzen. Der Gerichtsherr: gez. von Hase, Generalleutnant. Der Untersuchungsführer: gez. Dr. Herrlinger, Lt.d.R. u. Heeresrichter kr.A.« (Von trauriger Ironie im Nebenbei die Erinnerung, dass dieser Gerichtsherr wenig später zu den Aufständischen und Opfern des 20. Juli gehörte.)

Ein Dokument des Wahnsinns. Das sprachliche wie gedankliche Kauderwelsch aber lässt keinen Zweifel, dass es schlecht stand um den Angeklagten. Was ich in jenem von mir als angenehm empfundenen Gespräch mit den Leutnants aus den Tiefen meiner

Trunkenheit gesagt habe, mag im Tenor, gewiss nicht im Wortlaut dem entsprechen, was der Anklagetext in hilfloser Fassung wiedergibt. Ich muss bramarbasiert haben, – der Gefährdung durch Partner und Zeugen nicht achtend. Aber konnte der Anzeigende mich nicht ein wenig erhabener zitieren: »Blut, geronnen zu Medaillenblech«, – so etwa ... Dass ich in meinem vernebelten Wahn hätte Offiziere hängen sehen an Laternenpfählen, mag eher eine üppige literarische Reminiszenz gewesen sein an Schilderungen der Revolutionswirren 1918 ff. als eine zukunftsgerichtete Vision. Sie hätte, wenn ernst gemeint, ja auch nicht wenige meiner Freunde und Schulkameraden tödlich betroffen. Die Frage, warum der mich erst mit großem zeitlichem Abstand meldende Luftwaffenleutnant die inkriminierten vorgeblichen Schimpftiraden mit derart verquasten Formulierungen wiedergegeben hat, bleibt unklar, doch sind seine angeblichen Worte wohl eher dem stilistischen Unvermögen des Protokollanten zuzuschreiben als ihm. Merkwürdig bleibt inmitten dieses Wirrsals aus rekonstruierten alkohol-benebelten Gesprächsfetzen und gedanklichem Aberwitz, dass die anderen zwei oder drei Offizierskameraden dem Meldenden nicht als Zeugen zur Seite standen. Wohl aber stand Horst Lange seinen Mann und machte den eindrucksvollsten Gebrauch von seiner Dichterphantasie und erfand für den Untersuchungsrichter eine so wunderliche und absurde wie überzeugende Geschichte von Menschen am Galgen, die er an jenem Abend behauptete vorgetragen zu haben ... Meine Rolle aber war kein Meisterstück, fürwahr. Kein Heldenstück, fürwahr. Wilde Kritik an der Naziherrschaft, aber kein Aufbegehren aus dem Geist der Freiheit. Kein Ansatz zum Widerstand aus der lodernden Empörung des moralischen Gesetzes. Nur wirr wütende Rodomontaden eines juvenilen Gemütes, das undiszipliniert seine Façon durchbrochen hatte im rauschverworrenen Zustand der Entrückung. Kein Anlass zum Stolz, damals so wenig wie heute, zwei Lebensalter danach.

KARLROBERT KREITEN, ICH UND WIR

Wie ähnlich die Lebenslinien junger Menschen in jener Endphase des Krieges verlaufen konnten, um durch glückliches Geschick oder widrige Umstände an dem entscheidenden Punkt eine andere Richtung zu nehmen oder jäh unterbrochen zu werden, möchte ich am Beispiel des genialen jungen Pianisten Karlrobert Kreiten darstellen. So gewinnt die Schilderung des eigenen Schicksals im Spiegelbild des Gegenschicksals seine privat-geschichtliche Dimension.

Berlin, September 1943. Der Krieg geht in sein fünftes Jahr, – und geht langsam, allzu langsam, seinem Ende zu. Im Hinrichtungsschuppen der Strafanstalt Plötzensee werden in einer einzigen Nacht 186 Menschen exekutiert, werden erhängt an Fleischerhaken, jeweils in Gruppen zu acht. Unter ihnen Widerständler, »Defätisten« – solche, die sich in Worten und Vorhaben empört hatten gegen Hitler, seinen blutigen Unflat, seinen Krieg. Die Henker können nicht Schritt halten mit ihrem mörderischen Auftrag, müssen schließlich gegen Morgen Pause machen, nehmen ihre Arbeit am nächsten Abend wieder auf, und mehr noch als weitere hundert Opfer werden in der folgenden Nacht zum Galgen getrieben und an den Fleischerhaken erhängt.

Unter denen, die da auf den Schemel unter dem Strick gestellt werden, gefesselt und mit nacktem Oberkörper: Karlrobert Kreiten, 27 Jahre alt, geboren in Bonn. Die Musikwelt bewundert ihn als schon frühen Ruhm genießenden Künstler, Claudio Arrau nennt ihn (später) »eines der größten Klaviertalente, die mir persönlich je begegnet sind«, man vergleicht ihn mit Backhaus, mit Gieseking, Furtwängler fördert seine Karriere.

Was war sein Verbrechen? Die Zeitungen vom 15. September wissen es: »Am 7. September 1943 ist der 27 Jahre alte Pianist Karlrobert Kreiten aus Düsseldorf hingerichtet worden, den der Volksgerichtshof wegen Feindbegünstigung und Wehrkraftzersetzung zum Tode verurteilt hat. Kreiten hat durch übelste Hetzereien, Verleumdungen und Übertreibungen eine Volksgenossin in ihrer treuen und zuversichtlichen Haltung zu beeinflussen gesucht und dabei eine Gesinnung an den Tag gelegt, die ihn aus der deutschen Volksgemeinschaft ausschließt.«

Wie schloss man sich damals aus der deutschen Volksgemeinschaft aus? Kreiten hatte einer Freundin seiner Mutter erklärt, der Krieg sei schon verloren und es laufe hinaus auf den gänzlichen Untergang Deutschlands und seiner Kultur. Auch sprach er vom Wahnsinn Hitlers und davon, dass nun bald die Köpfe des Führers und seiner Paladine rollen würden. Die Frau behielt nicht für sich, was sie da hörte, trug es zwei Freundinnen zu, die in ihrem fanatischen Wahn Anzeige erstatteten und die insistierten, als die erste Denunziation die erhoffte Wirkung nicht zeitigte, nun liefen sie von der »Reichsmusikkammer« zum Propagandaministerium, und endlich war die Gestapo am Zuge.

Am 3. Mai wurde Kreiten verhaftet, nach vier Monaten qualvoller Gefängnisnot und trotz leidenschaftlicher Rettungsbemühungen der Familie und hochgestellter Fürsprecher (darunter Furtwängler) wurde er vom Volksgerichtshof am 3. September zum Tode verurteilt. Von heute auf morgen, in Abwesenheit der Verteidiger und unter Missachtung noch anhängiger Gnadengesuche.

Die Eltern erhielten erst nach der Hinrichtung Nachricht und dann eine Rechnung über Reichsmark 639,20, zahlbar binnen acht Tagen als materieller Beitrag zur Tötungsverrichtung ihres Sohnes.

An dieser Stelle des Berichtes mische ich mich ein. Es ist nicht viel übrig geblieben von den materiellen Dingen, mit denen ich damals lebte, im Grunde nichts. »Alles verloren« zu haben war ein allgemeines Schicksal in jenen Jahren, es lohnt nicht, davon Aufhebens zu machen. Geblieben aber ist ein abgeschabtes Notizbüchlein, graues Kriegspapier. Zum 7. September findet sich darin folgende Eintragung: »Geburtstag. Einkäufe, und wir feiern mit Horst Lange, bis uns übel wird.« An jenem Tage wurde ich 21, also nach damaligem Gesetz volljährig.

An diesem Tage also »Einkäufe« in der schon

bombenzernagten Reichshauptstadt, eine sehr banale Angelegenheit: Angesparte Fleisch- und Lebensmittelmarken wurden kumuliert, das gab ein üppiges Essen zu dritt, und an jenem Abend also tranken wir, tranken zu viel und, entwöhnt, wie wir waren, mit üblen Folgen. Höllenspuk. Ich landete im Badezimmer und blieb da.

Das war die Nacht vom Plötzensee, der ein paar Kilometer weiter nördlich liegt, die vom 7. auf den 8. September. Die letzte Nacht Kreitens und der anderen 185.

Am 3. Mai dieses Jahres 1943 war Kreiten verhaftet worden, in Heidelberg, wo das für den Abend angekündigte Konzert nun abgesagt werden musste. Fünf Wochen später wurde ich festgenommen, am 11. Juni. Das Gericht der Wehrmachtkommandantur Berlin ermittelte – wie berichtet – in der »Strafsache« gegen den Soldaten P. W. »wegen Zersetzung der Wehrkraft«.

Kreitens Freunde betonen immer wieder, er sei ein im Grunde »unpolitischer Mensch« gewesen. Was man unbesehen glauben wird, – wer damals gegen die offensichtliche Brutalität und den schreienden Widersinn des delirierenden Nationalsozialismus Worte fand, bedurfte dazu nicht eines spezifisch politischen Sinnes. Es genügten Vernunft, Verstand, ein Organ für Gerechtigkeit und das Gefühl für Anstand. Warum aber diese schlichten Voraussetzungen einer moralischen Existenz damals millionenfach getilgt, annulliert, vergessen waren: Das wird man nie verstehen.

Als ich damals meine Volljährigkeit auf solch unvergessene Weise »feierte« und Karlrobert Kreiten mit vielen anderen und doch in eisiger Einsamkeit starb, standen er wie ich unter der gleichen oder doch vergleichbaren Anschuldigung, hatten wir beide das Gleiche oder doch Vergleichbares getan. Er musste dafür sterben. Ich überlebte. Es ist nicht einfach, mit dieser Feststellung fertig zu werden.

Ich denke an Kreiten. Versetze mich immer wieder in ihn, in die Monate seiner Haftzeit, die letzten Stunden, den letzten Augenblick. Lese seine Briefe aus dem Gefängnis an die Familie, die von einer rührenden, durchaus kindlichen Fürsorge zeugen, und von – auch kindlicher? – ungebeugter Hoffnung. Zehn Tage noch vor seinem gewaltsamen Tod bittet er um neue Schuhe, »meine sind so ausgetreten, dass ich sie nicht mehr lange tragen kann«. Und man möge ihm zum Schutz gegen die nahende Herbstkälte den »alten blauen Mantel schicken«.

Der Gefängnisgeistliche in jener Nacht, er war in der Tat – um es einmal so banal zu sagen – überlastet. Aber er konnte nach eigenem Bericht diesem jungen Mann, der ein genialer Klavierspieler war und nichts zu tun haben wollte mit der Politik, den ein blutiger Aberwitz in den Würgegriff der Justizmordmaschine gepresst hatte, – er konnte ihm beistehen, konnte danach den Eltern die Versicherung geben: »Er ist diesen letzten Weg ganz gefasst und ruhig gegangen, er ist *gut* gestorben.« Was immer man darunter auch verstehen mag, – wie gefasst und ruhig mögen fortan die gelebt haben, die schuldig waren an seinem Tod? Die drei Denunziantinnen und seine Richter.

Wie mag der Schreiber des Artikels im Berliner *Zwölf-Uhr-Blatt* vom 20. September 1943 überlebt, weitergelebt haben, der in schwülstigen Phrasen die »Wirklichkeit eines Künstlerlebens aus dem fünften Kriegsjahr« der »Wirklichkeit« eines Arbeiterlebens gegenüberstellte, gipfelnd in der furchtbaren Tirade: »Wie unnachsichtig jedoch mit einem Künstler verfahren wird, der statt Glauben Zweifel, statt Zuversicht Verleumdung und statt Haltung Verzweiflung stiftet, geht aus einer Meldung der letzten Tage hervor, die von der strengen Bestrafung eines ehrvergessenen Künstlers berichtete.« Und so fort, – man sträubt sich, das ekelhafte, das mörderische Getön weiter zu zitieren, weil man das Gefühl hat, es krieche auf einen über und beflecke den Lesenden.

Eine »Hinrichtungshymne«, hat man zu Recht gesagt. Ihr Verfasser heißt Werner Höfer. Es handelt sich um jenen Werner Höfer, der nach dem Kriege seine Fernsehkarriere machte, der mit politischem Feinsinn am Sonntagmorgen dem *Frühschoppen* präsidierte, ihm zur Seite die Journalisten aus Ländern, die Hitler gern ausradiert hätte. Höfer erinnerte sich später: Es seien in jener Zeitung »Passagen unter meinem Namen, die gar nicht von mir waren« erschienen. Das kann man ihm glauben. Denn hätte sich, was da gedruckt war, nicht nur mit seinem Namen, sondern mit seiner Person gedeckt, er wäre vor verzweifelndem Entsetzen in sich zurückgekrochen, wäre leise geworden, stumm geworden, die Reue hätte ihm den Mut, die Scham die Zunge gelähmt.

Es mag indessen sein, dass dem schändlichen Hassgesang ein Stück Klarheit zu entnehmen ist. Es mag sein, dass die sinnberaubte Radikalität, mit der ein Gericht diesen jungen Künstler dem Tod auslieferte, obschon alle Zeichen für einen glimpflichen Ausgang einer Affäre sprachen, die man zur Bagatelle hätte schrumpfen lassen können, – es mag sein, dass des amtlichen Richtspruchs letztes Motiv dem schrillen Tenor des widerwärtigen Nachrufs entsprach. Es sollte ein Exempel statuiert, sollte der Volksgenossenschaft brutal demonstriert werden, wie dieser Staat mit seinem gefährlichsten Widersacher, dem Gegen-Geist, zu verfahren gedenkt; was Künstler und Intellektuelle erwartete, die Wissen umzuwandeln versucht waren in Gewissen. So lieferte denn der Pseudo-Höfer in seinem Propagandablatt den Richtern im Nachgang die erweiterte Urteilsbegründung.

Dem Schicksal des Ermordeten hat Hartmut Lange sein 1987 im Rahmen der Berliner Festspiele uraufgeführtes *Requiem für Karlrobert Kreiten* gewidmet, das inmitten der namenlosen Masse der Gequälten und Gemordeten in ihm den Menschen mit den fasslichen Zügen, dem persönlichen Schicksal erkennt, – und sich bewusst wird, dass den anderen ihre fasslichen Züge, ihr eigenes Schicksal vorenthalten wurden. Man wird diesem einen Toten nur gerecht, wenn man in ihm das große Schattenheer der auf gleiche Weise Getöteten sieht; wenn man keine Ruhe findet beim Fragen danach, warum die einen starben und die anderen überlebten.

Uns vergessen wir, wenn wir Karlrobert Kreiten vergessen. Wenn wir vergessen, was Menschen Menschen anzutun vermögen – im Namen von Menschen, auch von Göttern. Noch einmal davongekommen zu sein, – das ist zu ertragen nur, wenn man es im Angesicht der Qualen, der Einsamkeit des Sterbens, der frierenden Todesgewissheit, der letzten Gedanken und Gefühle jener tut, die nicht davonkamen. Und die ihren Tod, wenn sie ihn ertrugen, nur ertrugen in der gewissen Hoffnung, er werde das Seine tun, den Überlebenden zu einem besseren Leben zu verhelfen. So lautet – man kann es anders nicht ausdrücken als mit diesem pathosbewehrten Wort – ihr Vermächtnis.

Mein eigener Lebensweg nahm nach jenem Spätsommer 1943 den angedeuteten anderen Verlauf: Am Tage meiner Entlassung aus dem Lazarett verlas mir dessen Chefarzt die Anklageverfügung. Zeitgleich hätte erneut die Verhaftung erfolgen müssen. Sie blieb aus. Unbehelligt fuhr ich in den mir zustehenden Genesungsurlaub (zum Skifahren nach Trins am Brenner, wohin etwa zur gleichen Zeit Rudolf Borchardt deportiert wurde, – von dem ich damals noch nichts wusste). Meldete mich dann in meinem Ersatztruppenteil, der damals in Wien-Mödling stationiert war: einziger Preuße inmitten von Österreichern auf Grund unentwirrbarer Verfügungen der Militär-Bürokratie. Nicht eben gern gesehen von den so genannten Kameraden als »Marmeladinger« und Repräsentant der

»Erdäpfelfresser«. Und Tag und Nacht verfolgt von der sehr begründeten Angst, verhaftet zu werden. (Ich begriff in jenen Monaten, was es auf sich hatte mit dem Schwert des Damokles.) Stattdessen erhielt ich Studienurlaub, wie es mir als Verwundetem der »Versehrtenstufe II« zustand. Ein sommerliches Semester 1944 in Freiburg, sonnenhell in der scheinbar noch kriegsfernen liebenswerten Wein- und Obstlandschaft des Breisgaus – und dunkel überschattet von den Ereignissen des 20. Juli. Der Aufstand, der mich persönlich tiefer treffen musste als die beteiligt oder unbeteiligt zuschauende Welt. Aber in jenen Tagen war ich schon erlöst aus der mich würgenden Klammer. Denn am 6. Juni traf ein Telegramm meiner Mutter ein, mit dem so lakonischen wie ein Leben neu erweckenden Text: »Verfahren eingestellt. stop. Glückwunsch. stop. Deine Mutter«. Das war das Datum der alliierten Landung an der Küste der Normandie.

Nach dem Gang des Rechtes, das keines war, aber damals galt, hätte ich dem Kerker, dem Gericht, dem Urteil überliefert werden müssen. Der erste Anwalt, den ich mit meiner Vertretung beauftragte, streckte bald die Waffen. Den nächsten Anwalt habe ich nie zu Gesicht bekommen. Durch ihn erfuhr meine Mutter von dem unglaublichen Einstellungsbeschluss. Zur andeutenden Erklärung hilft die Information, dass die Unterlagen mit den Zeugenaussagen zu dieser Strafsache offenbar vernichtet waren, verbrannt im Feuer, nachdem das Gefängnis Berlin-Moabit und darin die Gerichtsakten von britischen Fliegerbomben getroffen worden waren, – und die Rekonstruktion der Papiere sich schwierig anließ im vorletzten Kriegsjahr, in dem Menschen und Dinge sich auflösten. Das aber sind vage Überlegungen, die zur letzten Erklärung nicht taugen. Es bleibt unerfindlich, welche Instanz aus welchem Motiv im Mai 1944 verfügt hat: Das Verfahren sei einzustellen. Ich verdanke dieser Instanz, und kann es weniger pathetisch nicht ausdrücken, mein Leben. Womit ich einfacher fertig würde, könnte ich fromm sein. Da ich mich aber nicht an einen persönlichen Gott halte, bleibt nur das Gefühl einer tiefen Dankbarkeit einer Gewalt gegenüber, deren Eigentümlichkeit sich mir entzieht. Mir wäre leichter, ich wüsste, wem ich wo und wie meinen Dank abstatten dürfte.

Als ich mich, aus dem Lazarett entlassen und nach dem Studienurlaub, pflichtgemäß im August 1944 wieder bei meiner Truppe meldete, wollte man mir den Anschein meiner Wirklichkeit nicht glauben, sondern hatte sich damit abgefunden, dass ich vom badischen Freiburg aus in die Schweiz desertiert sei. Der schwerfällige Justizapparat hatte nach mir gefahndet, hatte im Rektorat der Freiburger Universität nachgefragt, – und eine negative Antwort erhalten: ganz einfach, weil ich mich erst zum Ende der Immatrikulationsfrist hatte einschreiben lassen, nicht aus irgendeinem Kalkül, sondern aus Lässigkeit. Man hätte beim Wehrmachtsstandort, bei dem ich mich befehlsgemäß gemeldet hatte, die erwünschte Auskunft erhalten. Man fragte nicht. So dass anlässlich meiner Rückmeldung in meinem Truppenteil zu Mödling der Gerichtsoffizier nicht Unrecht hatte mit seiner Vermutung: Da sei ich ja noch einmal »haarscharf am Galgen vorbeigerutscht«. Das waren die Worte des Leutnants Strauß, eines kleinen aufgeblähten Wieners, der erst von seiner Schreibhilfe gehindert wurde, mich festzunehmen, – denn die Einstellung des Verfahrens war ihm entgangen. Der Beschluss aber lag ihm vor, und ich war so schlau, um die Auslieferung eines dieser Dokumente zu ersuchen, – er aber war schlau genug, sie zu verweigern. Denn wir beide wussten, dass diesem Dokument eine gewisse Bedeutung für eine zwar erst undeutlich sich abzeichnende, aber doch unentrinnbar nahende Zukunft zugedacht war.

Denn im Spätsommer 1944 schritt der Krieg mit furchtbaren Schritten seinem furchtbaren Ende zu: Die Russen standen in Polen, vor Ostpreußen, die Engländer marschierten in Italien nordwärts, auf Florenz zu, an der Westfront hatte die Invasion den Weg zum Rhein geöffnet, – und die »Heimat«, die Heimat lag unter Bombenteppichen und zitterte.

In jenen Tagen, genauer am 29. August 1944, erschien in allen wichtigen Zeitungen Deutschlands ein Artikel, der wurde inbrünstig gelesen und wieder gelesen, und ging von Hand zu Hand, und den Briefen an die fernen Soldaten war er beigefügt, und ein jeder sprach davon. Er wirkte, wie Dinge nur in finalen Stadien sich ausbreiten können, wenn die Ordnung des Verstandes außer sich ist, weil das Geschehen über alles Verstehen hinausgeht, wenn das Denken und die

Vernunft sich selber nichts attestieren können als die große Hoffnungslosigkeit ihres Versagens, wenn ein jeder die apokalyptischen Zeichen erkennt, die sieben Engel ihre Posaunen geblasen und die sieben Zornesschalen ausgeleert haben.

»In einem halben Jahr spätestens werden wir wissen, was heute noch wenige wissen: dass diese letzte Kriegsphase, die am 16. Juni 1944 ausbrach, ein Geheimnis gehabt hat und dass die drei Monate Juni, Juli und August in Wahrheit ein ganz anderes Gesicht hatten, als wir alle glaubten. Die Zeit, die wir jetzt, unmittelbar jetzt, durchmachen, ist das Dramatischste, was die moderne Geschichte jemals erleben kann. Spätere Zeiten werden einmal klar und deutlich sehen, dass es auf Millimeter und Sekunden ankam und dass es auszurechnen gewesen sein musste, warum Deutschland siegte.«

Die Fronten zerbrechen, die Städte brennen, die Menschen fallen, ersticken, werden dem Schafott zugetrieben und dem Galgen. Ein jeder weiß es, ein jeder sieht es. Nun jedoch ist zu lesen: »Aber *dieses Bild ist falsch.*« Und dem Verlorenen wird ein Weg, dem Ertrinkenden das Ufer gezeigt.

»In einem halben Jahr wird es ohnehin jeder wissen. Dann wird es ein Gefühl sein, als wenn nach einer tosenden, lärmerfüllten, dunklen Gewitternacht am nächsten Morgen ein Tag anbricht, ganz still, ganz klar alles, ganz einfach alles, nichts Furchteinjagendes mehr, nichts Bedrohliches. Die ganze vergangene Nacht ist einem dann fast unverständlich.«

Und die Angst, die Verzweiflung, der panische Schrecken zwangen es dem Leser hinein, er sog es auf, er machte das, was diese Buchstaben sagten, zu einem Teil seiner selbst, – seit er sein Grab sah, wollte er nichts als leben, und hier war einer, der ihm das Leben versprach.

Wer diesen Aufsatz heute liest, wird ihn in all seiner banalen Sentimentalität und beschwörenden Nichtigkeit für ein Muster journalistischer Stümperei halten. Zu seiner Zeit jedoch wirkte er, wirkte eben durch seine gänzliche Geist-Losigkeit, durch seine raunende Beschwörung des großen Wunders im Tanzschritt um das leere Loch. Denn wie endet er?

»Bis zum Herbst! Damit wissen wir, wofür wir die letzte große Kraftanstrengung machen müssen. Sie geht nicht über unsre Kräfte. Wir haben in diesem Kriege noch nie in einer kritischen Lage aufgegeben. Wir werden den letzten Preis, den wir noch zu bezahlen haben, eben bezahlen. Mit allen Mitteln und mit allen Kräften. Der Sieg ist wirklich ganz nahe.«

So war es zu lesen, in den Zeitungen der letzten Augusttage des Jahres 1944. Der das damals in der Genesenden-Kompanie zu Wien las und sah, wie die andern um ihn herum es lasen und wieder jene Haltung von Glauben und Gläubigkeit von ihnen Besitz ergriff, die das ganze Elend zu verantworten hatte: der beschloss, sich den Namen des Verfassers zu merken und ihn nicht zu vergessen: den Namen des SS-Kriegsberichters Joachim Fernau.

Wer will die Wirkung des Wortes, seine Verantwortlichkeit im Geschehen der Geschichte messen? »Der Sieg ist wirklich ganz nahe« – wie viele Brückenpfeiler mag dieses Wort noch gesprengt haben, wie viele Panzerfäuste in Anschlag gebracht, wie viele weiße Fahnen mag es heruntergerissen haben, – und: Wie viele Menschen mögen für dieses Wort bezahlt haben, Gefallene, Aufgehängte?

Ein halbes Jahr später, nach dem endgültigen Ende des Krieges, drängte sich mir die Frage auf, die mich seither nicht mehr losgelassen hat: Wie wird einer fertig damit, dass er lügt und verführt und betrügt mit der Sprache, dass er Verantwortung und furchtbare Folgen auf sich lädt, dass er merkt, wie grauenhaft Irrtum und Täuschung, von ihm ausgestreut, aufgegangen sind, – und dann, wenn alles vorbei ist, einfach weitermacht? Nicht »weitermacht« mit dem Leben, das ist Menschenart, und so müssen wir wohl sein. Nein, weitermacht mit dem Wort, mit der Bestandsaufnahme, mit der Deutung, mit der Belehrung, mit der Sorge um Deutschland. Schreibt, als habe er nie anders geschrieben, richtet und glossiert und kommentiert die Geschichte seines Volkes mit dem Anspruch des Wissenden, der den schändlichsten Durchhalteartikel dieses Krieges geschrieben und mit ihm seine Gläubigen vor die Panzer und Maschinenpistolen getrieben hat.

Ist es denn nicht so, dass die schauderhafteste Fehldiagnose, die je ein Zeitungsberichterstatter geliefert hat, ihm definitiv die Approbation entzieht? »Der Sieg ist wirklich ganz nahe« – wer das diesem Volke

im August 1944 versprach, ist entweder ein Schwach-
kopf von unvorstellbarem Format – oder aber ein
infernalischer Lügner. Das eine wie das andere: Zwingt
es nicht dazu, das Handwerk des Schreibens zu lassen,
die Kunst der Prophetie aufzugeben, vor der Ge-
schichtsdeutung zu kapitulieren, das eigne Volk mit
Bestandsaufnahmen künftig zu verschonen?

Es zwingt offenbar nicht; und da liegt ein großes
Wunder. Aber Leute wie Fernau stehen mit Wundern
offensichtlich auf gutem Fuße. Und in seinem Buch
Deutschland, Deutschland über alles ... (1952) skiz-
ziert der Geschichtsdeuter Fernau nochmals eben jene
Situation, die wenige Jahre zuvor bereits der Kriegs-
berichter Fernau so hellsichtig getroffen hatte:

»Hitler glaubte noch in letzter Minute, eine völlige Umstellung der Waffen und Kriegsführung her-
beiführen zu können. Deutschland war im Besitz
phantastischer Erfindungen, die sehr wohl imstande
schienen, eine vollständige Wendung zu bringen. Die
heutigen modernen Waffen der Sieger beruhen darauf.
Aber die Zeit reichte bei weitem nicht mehr aus. Die
Alliierten waren in Frankreich gelandet. Es war zu
spät.«

So einfach ist das also. Eine Sache der Distanz. Der
Distanz von acht Jahren ...

BOMBEN AUF DIE REICHSHAUPT-
STADT (1943/44)

Anderthalb Jahre unter Bomben auf Berlin. Vergeblich werden wir einst, so sagten wir damals, den Kindern und Enkeln dieses Geräusch nahe zu bringen versuchen, dieses grausame, Luft und Mauern und Atem zerschneidende Jaulen der Luftschutzsirenen, das Auf- und Abschwellen dieses mörderischen Tons, einer heulenden Wolfsmeute gleich, der schlagartig das Lebensgetriebe lähmte, es verwandelte und den Menschen ihren jeweiligen Ort, ihr jeweiliges Tun zu verlassen befahl und sie in einen Schutzraum drängte. Das heißt in den Keller unter den Häusern, nicht als Zuflucht gebaut, allenfalls Schirmung versprechend, wenn die Bombe nicht direkt zuschlug. Man hastete, stolperte, schlich die Stufen hinunter, von »Luftschutzwarten« gewiesen oder getrieben, die scheinbaren Unentbehrlichkeiten in Taschen und Koffern an sich gerafft, oder auch ohne Gepäck, wenn ereilt irgendwo unterwegs, am Tag oder in der Nacht.

Das Leben oben erstarrte, es verkroch sich unter die Erde, S-Bahn und U-Bahn und Straßenbahn hielten an bestimmten Punkten, die Passagiere verflüchtigten sich in gruftartige Gänge, Keller, Bunker.

Nächtlich dann die bellenden Stimmen »Licht aus!«, wenn irgendwo ein Licht die Verdunkelung durchbrochen hatte, ein Vorhang nicht geschlossen war; und die Autos blinzelten trübe durch Schlitze aus ihren abgeblendeten Scheinwerfern.

Das warnende Radio hatte sie angemeldet. »Mittlere« oder »schwerere Verbände« auf dem Flug nach – und dann klammerte man sich an das Sankt-Florians-Prinzip und hoffte, diese fliegenden Verbände würden abbiegen, eine andere Stadt als Ziel suchend. Eine Hoffnung, die dann der so genannte »Voralarm« zerstörte. Der in den eigentlichen Alarm wellenheulend überging. Wer da in der Nachtschwärze noch einmal zum Himmel blickte, konnte die Lichtgebilde entdecken, von Pilot-Flugzeugen in den Himmel geschossen als Fixpunkte für die nachfolgend zielenden Bombenträger, – wir nannten sie mit poetischem Zynismus »Christbäume«.

Die Tortur der Stunden im Luftschutzkeller. Die Angst lag als ein Mehltau über uns, verdichtete sich zu stickiger Luft, zum Schneiden dick, ich habe erlebt, wie alterprobten Frontsoldaten die Zähne klapperten, – nicht als Metapher, sondern als physischer Reflex auf diese grausame Situation einer Bedrohung, der man blind und gelähmt ausgeliefert war, keinen Gegner erfassend, zu keiner Geste der Gegenwehr fähig. Man zählte die Einschläge, schätzte die Entfernung vom eigenen Ort, registrierte »Bombenteppiche« und benannte fachmännisch das Bombenkaliber, duckte sich zusammenzuckend unter den schwersten, die wir »Luftminen« nannten. Kalk blätterte von den Wänden, Wände und Boden zitterten, nicht nur Kinder wimmerten, und leise nur die Worte von einen zum andern. Und merkwürdig: Nicht ein Mal habe ich in diesen ungezählten-zählbaren Stunden so etwas gehört wie aufbegehrende Verwünschungen gegen die Feinde, wie Flüche der Empörung gegen England oder die USA. Wohl aber eine gelassene Hilfsbereitschaft erlebt der so genannten Hausgemeinschaft, deren Mitglieder sich bisher kaum zur Kenntnis genommen hatten, allenfalls ein kurzer Gruß bei der Begegnung im Treppenhaus oder im Fahrstuhl. Und Herr Geißler, unser Haus- und Luftschutzwart, verließ den Schutzraum und inspizierte die Stockwerke und den Speicher, Brandbomben aufspürend. Bis er mich als einen der wenigen beweglichen Männer zur Hilfe aus dem Keller holte. »Nun ist es so weit …!« Das Haus brannte lichterloh, brannte stockweise ab, binnen Stunden, vom Giebel an erdwärts; zum ersten Mal erlebte ich die Wirklichkeit einer Feuerwand, einen mit rasendem Rauschen sich schrittweis vorarbeitenden Flammenvorhang, die weite Wohnung Meter um Meter auffressend; ich ging an die Bücherwand, nahm in einer Art von Trancezustand diesen und jenen Titel heraus, schleuderte ihn in die Flammen … Wir retteten ein paar Bilder, einen Teppich, den kostbarsten, auch er war bald verloren, einen Kabinenkoffer, ein paar Taschen, – sahen dann von der Straße aus die Mauern unseres vierstöckigen Hauses zusammenbrechen, schleppten das zusammengeraffte Zeug in eine verlassene Wohnung: »Durchgepustet«, so nannte man Wohnungen, die vom wüsten Luftdruck der in der Nähe einschlagenden Bombe bis zur Unbewohnbarkeit demoliert waren. Aßen zufällig entdecktes Rhabarberkompott, eingeweckt in Sektflaschen, schliefen ein paar Stunden auf den Koffern, holten uns am nächsten Tag Lebensmittelkarten von improvisierten Verteilungsständen. Es mag verwunderlich klingen, wenn ich vor den rauchenden Trümmern, aus denen ich ein paar Tage später noch Tafelbesteck herausklaubte, so etwas empfand wie Erleichterung: Nun brauchte es die Sorge nicht mehr, die monatelang bedrückende, um das materielle Hab und Gut, jetzt war man auf eine brutale Weise arm, also frei. Hatte »alles verloren«, gängige Formel damals.

Übrigens war dieser Feuerbrand eine hochsymbolische Lohe: Das Datum war der 30. Januar 1944. Der Tag der »Machtübernahme«, richtiger: der Machtübergabe, exakt elf Jahre vorher.

Es muss noch ein Wort gesagt werden zu der Stimmung in unserem Luftschutzkeller in der Kantstraße Nr. 6. In der Wohnung über der unseren, im 2. Stock, wohnte und praktizierte ein Zahnarzt. Sein Nachname polnisch klingend wie der meine, aber seit geraumer Zeit trug sein Arztschild einen zusätzlichen Vornamen, nämlich »Israel«. Er war also Jude, trug den gelben Davidstern, und dass er, bis sie verbrannte, noch eine Wohnung hatte, verdankte er dem Umstand, dass seine Ehefrau Nichtjüdin, also »arisch« war. Und heute bemächtigt sich meiner Erinnerung eine Situation, die ich weder damals noch in der Folgezeit als bemerkenswert empfunden hatte. Erst die Lektüre der erschütternden Erlebnisse des Romanisten Victor Klemperer in Dresden, diese Begebnisse der widerwärtigsten Demütigung, der schäbigsten Erniedrigung, der brutalsten Gemeinheit durch die damaligen »Volksgenossen« hat mich eine aufschlussreiche Tatsache begreifen gelehrt: dass Berlin offenbar anders war. Dass dieser preußische Menschenschlag inmitten aller Unmenschlichkeit sich einen spürbaren Rest von Menschlichkeit reserviert hatte. Solche Mentalität hat Verfolgung, Deportation, Ermordung nicht verhindert und auch nicht die Torturierung, die seelische und körperliche in den Zentralen der Gestapo in der Prinz-Albrecht-Straße, in den Amtsstuben und Gefängnissen, – aber in der alltäglichen Wirklichkeit des Kriegsalltags hat nach meiner Beobachtung nie stattgefunden, was in anderen Provinzen (wie etwa der von Klemperer erlebten) offenbar gängige und sadistisch praktizierte Übung des Inhumanen war. Und also berichte ich hier, was ich bisher nie für berichtenswert hielt: Dass der Soldat P. W., in voller Uniform »mit Orden und Ehrenzeichen«, in dem dicht besetzten Kellergewölbe unmittelbar neben dem anderen saß, dessen Ehrenzeichen der gelbe Stern war. Und man unterhielt sich miteinander in ruhiger Selbstverständlichkeit und ohne jegliche abschirmende Vorsichtsgestik über die politische Lage. (Den »deutschen Blick« nannte man damals den ängstlich sichernden Blick ringsum zu Beginn eines Gesprächs.) Und der

Jude bot dem Soldaten sogar – gegen das Gesetz – seine zahnärztliche Hilfe an, – eine Offerte, von der beide, vermutlich zu ihrem Glück, nicht Gebrauch gemacht haben.

Es bleibt unvergessen, dass nicht nur keiner der so genannten Volksgenossen in dem voll gedrängten Keller Anstand genommen hat an dieser – einer Demonstration verdächtigen – Begegnung, sondern dass auch nur der Gedanke, es könne solche Gemeinsamkeitsbezeugung berührt sein von dem Hauch des »Besonderen« oder gar Ungehörigen, niemanden angerührt hat.

Als dann das Haus brannte, haben wir zuallererst aus der Wohnung des gefährdeten Ehepaars einige Gegenstände zu retten versucht, wohl wissend, dass es den Eigentümern schwerer als uns gemacht werden würde, wieder Fuß zu fassen. (Doch es ist ihnen gelungen: Meinem Kollegen Hartmut Jäckel verdanke ich die Information, dass Dr. Norbert Kubatzki nach dem Krieg in Schmargendorf praktiziert hat.)

Bombenterror, Bombenschrecken über Berlin. Im Herbst 1943 nahm er wütend zu. Ich habe mich durch U-Bahn-Schächte durchgeschlagen, als die Straßen brannten und kein Durchkommen mehr war. Ich habe den ekelhaften süßlichen Leichengeruch eingeatmet, der aus den Haustrümmern herausschwelte. Habe, von Entsetzen gelähmt, die Berichte gehört von den Kellern, die nicht zusammengestürzt waren, aber in die unaufhaltsam Wasser floss aus zerbombten Rohren, und der Wasserspiegel stieg Zentimeter um Zentimeter, und schließlich erstickten gurgelnd in ihm die letzten Atemzüge. Man hatte die Schreie der eingemauerten Ertrinkenden noch gehört, – und so verzweifelt wie vergeblich versucht, sie zu retten. Und ich stand vor Ruinen, die einst die Wohnungen der Freunde und Verwandten gewesen waren, – und wenn man Glück hatte, wenn sie Glück gehabt hatten, kündeten Zettel und Kreideaufschriften, dass sie lebten, noch lebten, wieder lebten, und dass man sie da und dort finden könne.

Entwarnung, – süßer Ton ... Man stieg aufs Dach, ortete die brennenden Häuser, die den Himmel rötenden glühenden Stadtteile. Und fühlte sich dem Leben wieder geschenkt, für 12 Stunden oder 24 Stunden, oder gar länger? Denn man kalkulierte, erfahrungsgestärkt, mit gewissen Wetterlagen und durfte gelegentlich vermuten, dass zum Beispiel die kommende Nacht Ruhe geben werde, denn bei Vollmond flogen die Bombengeschwader nicht, ein allzu leicht zu treffendes Ziel für die Flakgranaten abgebend. Der Mensch ist wunderlich organisiert, nämlich so, dass er sich des Lebens freuen will, auch wenn die Frist für Leben und Freude begrenzt ist. So aber war es. Mehr noch: Die Gewissheit der in Bälde wiederkehrenden Lebensgefährdung steigerte den Lebensgenuss.

Man kontrollierte Elektrizität und Gas und ließ die Badewanne wieder voll laufen, – denn von den mittlerweile als Normalität empfundenen Mängeln war einer schwerer denn alle zu ertragen: das Fehlen von Wasser.

Ich vermag nicht zu sagen, ein wie großer Teil des deutschen Volkes damals (noch) aus enragierten, aus überzeugten Nationalsozialisten bestanden hat. Da ein jeder Mensch sich seine Umgebung, soweit irgend möglich, selbst auswählt, mögen meine Begegnungen nicht als exemplarisch gelten können. Meine Ärzte in der Abteilung 17 (»Augen«) des Lazaretts gaben sich wenig Mühe, ihre dezidierte – wenn auch abgestufte – antinazistische Gesinnung zu tarnen. Ähnlich die Krankenschwestern, – von einer nur, von Paula wusste man, dass sie eine Nazisse war und man sich vor ihr besser zurückhielt mit flotten staatsgefährdenden Sprüchen. Die Patienten, die Kameraden waren zwar politisch nicht gerade oppositionell eingestellt, schienen mir aber von einer nüchternen, indolenten oder auch phlegmatischen Gleichgültigkeit bestimmt zu sein. Es hatte zwar den Anschein, dass damals die Nation immer noch »wie ein Mann« den Krieg bestand, zu ihrem eigenen katastrophalen Unglück, doch bin ich sicher, dass diese opferungswütige Einhelligkeit auch Folge des innenpolitischen Terrors war: Die Klammer der Angst lag als Joch über dem Kollektiv. Der Einzelne hingegen fand sich ab mit Hilfe einer Form der schnoddrigen Resignation. Wie etwa am 20. April 1943. Der schenkte jedem der Lazarett-Insassen eine Flasche Sekt. Ein übles Gesöff, man war nach wenigen Schlucken schon betrunken, da taten wir uns zusammen zu einem parodierenden Reigentanz und sangen den idiotischen Hohn-Text: »Unser Führer hat Geburtstag. / Darum kriegen wir alle Sekt! / Hei der schmeckt, hei der schmeckt, / Unser schöner Führer-Sekt …!« So tat sich kund, auf dürftigste Weise, was uns nicht schmeckte.

Keine Racheschwüre gegen die Bomben werfenden Alliierten. Man fühlte sich ihnen ja in gewissem Sinne solidarisch verbunden, sie würden jenes System zerstören, das wir selbst mit irrendem Pathos sinnberaubt errichtet hatten und das zu erledigen uns die Kraft fehlte. So saßen wir nächtens geduckt vor dem auf geringste Lautstärke eingestellten Radiogerät und hörten London, hörten die hallenden Paukenschläge des Schicksals nach Beethovens Art, hörten jenes Volkslied, dessen Melodie ich heute noch heiter pfeife, – hätte ich das damals öffentlich gewagt, es hätte mich überführt und dem Henker ausgeliefert. Das waren die Eingangssignale der britischen BBC-Nachrichten für Deutschland, und Hugh Carleton Greene und die Stimmen anderer wurden vertraute Freunde. Wir sahen ja in ihnen unsere künftigen Befreier, und dass ihre Vorhut mörderische Spuren in unser Land hineinbombte, wollte uns als gesetzmäßig erscheinen. Dass die Bomben gezielt auch auf Wohngebiete, fern allen militärischen Anlagen, abgeworfen wurden, mit der Absicht, auf diese Weise für die Demoralisierung der Bevölkerung zu sorgen, war uns wohl klar. Nicht klar aber blieb und bleibt mir aus meinem begrenzten Blickwinkel, inwieweit dieses Ziel tatsächlich erreicht wurde. Vermutlich haben Brand und Zerstörung mancherorts auch trotzigen Widerstandswillen entzündet.

Die Moral der Nation und der Zivilbevölkerung suchte das Regime und seine Propagandamaschine wuchtig zu stärken auch durch markige oder sentimentale Gesänge. Kontrapunktisch dagegen erklang heimlich ein Gegensang, ein zarter Schlager fast, dessen Text so etwas wie Hoffnung und Glück verhieß, und die Möglichkeit von Zukunft:

»Wenn die Lichter wieder scheinen
Und wir wieder unsern kleinen
Bummel durch die hellen Straßen machen:
Werden wir lachen,
Und werden wir weinen
Zugleich ...«

IV. Die Universität als moralische Anstalt

Ein Sommersemester in Freiburg (1944)

Frühjahr 1944. Ich war Soldat, wie alle meines Jahrgangs. War verwundet worden, wie viele meines Jahrgangs. Und tat nun einen sinnlosen Dienst in irgendeiner Panzer-Ersatzabteilung am Rande von Wien, in der so genannten Genesenden-Kompanie. Da aber erschlich ich mir listig, die »Versehrtenstufe II« half, einen Studienurlaub von drei Monaten. So wurde ich ein Zeitstudent im Mai 1944.

Zu Freiburg war ich einst Student … Ein Buch mit diesem Titel hatte schon den Bücherschrank meines Großvaters geziert. In der Tat war er einst Student zu Freiburg gewesen, hatte dem schlagenden Corps Rhenania angehört und ließ sich vom neugierigen Enkelkind die Narben auf dem kahlen Schädel betasten, die man in solchem Kontext »Schmisse« nannte. Die mag er sich – 1872 geboren – vor nun wohl 110 Jahren geholt haben. So scheint es denn nicht verwunderlich, dass auch ich eines Tages Student zu Freiburg wurde. Und doch verwunderlich genug, bedenkt man Zeit und Umstände. Denn es war das im Jahre 1944, im letzten Sommer und letzten Sommersemester des Krieges.

Ein merkwürdiges Semester, und in Freiburg vor

allem merkwürdig, weil die Stadt und ihr Leben sich der Wirklichkeit märchenhaft entzogen. Berlin lag schon zum unguten Teil in Trümmern, und es kamen die Wochen, in denen Hamburg verbrannte. Freiburg aber kannte keinen Fliegeralarm, Freiburg war lieblich, war (noch) unzerstört, hatte Weinlaub im Haar, der Kaiserstuhl und Straßburg lagen nahe, die Landschaft verdiente es, »lieblich« genannt zu werden, und ihre Felder und Bäume trugen Früchte wie einst. Die Hörsäle der Universität waren zum Überlaufen voll, auf einen männlichen Hörer wie Walter Jens oder mich kamen hundert Mädchen – eine Situation, so reizvoll nicht für unsereinen, wie der Ahnungslose denken mag.

Walther Rehm las über die Geschichte der Tragödie, und in das verzweiflungsvolle Pathos seiner Darstellung ging manches ein von der verzweiflungsvoll empfundenen Gegenwart, auch wenn er von Antigone sprach und von Woyzeck, und viele verstanden das. Heidegger las über die Anfänge des Denkens und dunkel über Heraklit. In dieser absurden Atmosphäre von Mangel und Sommerwind, von Seiten füllenden Todesanzeigen der Zeitung und Ausflügen ins Markgräfler Land, von Seminarreferaten über Bürgers *Leonore* oder den *Erlkönig* und Wehrmachtsberichten über so genannte Frontbegradigungen, in dieser bizarren und von Widersprüchen der Wirklichkeit bis zur Unwirklichkeit entstellten Atmosphäre ereignete sich etwas Merkwürdiges, das, obwohl erschreckend und traurig und im Augenblick entmutigend, doch nicht

ohne Sinn war und vielleicht Hoffnung machen konnte. Und einige verstanden es.

Und das war so:

Auch der letzte Kriegssommer pflegte noch, so
wollte es die Selbstbehauptungsgeste des angeschlage-
nen Staates, die deutsche Kunst. Freiburg hatte ein
Orchester, das Orchester hatte einen Generalmusik-
direktor, er hieß Bruno Vondenhoff. Er gab Beethovens Neunte, und der Schlusschor an die Freude
konnte gelingen, weil in ihm viele Studenten mit-
sangen, und sie taten es mit Begeisterung. Denn was
das Singen im Chor betrifft, so schenkt es flüchtig
verführend das Gefühl der Teilhabe an einer besseren
Welt. Solche Augenblicke aber suchten wir damals mit
Inbrunst.

Nun plante Vondenhoff auch die Aufführung eines
Oratoriums von Händel. Eines aus dem Jahre 1752,
und es war dem großen Helden des Volkes Israel gewidmet, den man aus *Richter 10* kennt, der das Volk
der Ammoniter besiegte und dem furchtbaren Gott
Jahwe zum Dank für diesen Sieg vertragsgemäß seine
Tochter opfern muss: *Jephtha*. Ein Stoff, in manchem
Sinne beziehungsreich deutbar in jenen Jahren, – und
das auf abenteuerliche Weise. Natürlich konnte er
nicht bleiben, was er war, sondern musste gereinigt,
musste ›arisiert‹ werden. Das Stück hieß nun *Der
Feldherr*, uns war auch das recht, wir wollten singen
und damit ein Widerspruch sein zur Zeit.

Es wurde geprobt, und die Sache lief gut. Bis sie
verboten wurde, verboten von der Stadtverwaltung.

Das aber hatte wieder zu tun mit dem schmutz-beflecken Reinheitsdenken jener die Welt mit Brand und Mord überziehenden Herrschaft. Vondenhoff nämlich sei, so hieß es, verheiratet mit einer Jüdin. Und dieser Umstand war nicht durch eine einfache Um-Schreibung des Textes zu ändern wie im Falle des Feldherrn Israels.

So hatte es denn also in Konsequenz der ›Rassen-gesetze‹ in ungezählten Fällen Berufsverbote gege-ben – von Schlimmerem zu schweigen –, auch Von-denhoff wurde jetzt davon betroffen.

Und damit auch wir, die wir hatten singen wol-len.

Seit elf Jahren war an ungezählten Orten zu unge-zählten Malen in unserem Land großes Unrecht und sehr viel Furchtbareres als diese Absetzung geschehen, und es hatte geschehen können, weil es mit freier Zu-stimmung vielleicht nicht, allemal aber mit verdruck-stem Schweigen quittiert wurde, und Schweigen ist die Chance der Diktatoren.

Die Freiburger Studenten, was mochte in sie ge-fahren sein, schwiegen damals nicht. Sie fanden sich zusammen, an einem Mittag unter freiem Himmel, und ein Oberfähnrich der Marine machte sich zu ihrem energischen, mutigen und vernünftigen Spre-cher. (Den Oberfähnrich der Marine muss ich wohl erklären: Es studierten in Freiburg, kaserniert, Hun-derte von Medizinern in Uniform, sie sollten Militär-ärzte werden, dazu kam es gottlob nicht mehr.) Und wir beschlossen, ein wunderlicher Fall im Deutschland jener Jahre, dass wir uns wehren wollten gegen obrigkeitliche Willkür. Also teilten wir uns in Gruppen zu je etwa zehn, bestimmten deren Anführer und gingen an die Arbeit.

Diese Arbeit bestand darin, dass wir Papierbogen beschafften und Farbstifte, alles nicht so einfach in einer rationierten Mangel-Welt, vor allem aber Leim kochten, wozu wir Mehlmarken preisgeben mussten von unseren Lebensmittelkarten. Das geschah nächtlich in irgendeiner Bude, wir malten große Buchstaben, hatten viel Spaß und taten, als könnten wir die Dämonen weglachen. Dann, zu verabredeter Stunde, machten sich die einzelnen Trupps auf in Freiburgs nächtliche Gassen. Und es geschah, was Deutschland seit wohl zehn Jahren nur in seltenen Ausnahmefällen erlebt hatte: Es wurden handgemalte Plakate an die Mauern der Häuser geklebt, deren Inhalt Protest war gegen amtliche Verfügung und Willkür. Nichts, das man hätte als brisantes politisches Manifest verstehen dürfen, nichts, das auch nur annähernd vergleichbar gewesen wäre dem hochherzigen Verzweiflungsmut der Geschwister Scholl, die ihre brennenden Aufrufe in den Lichthof der Münchener Universität hatten herabflattern lassen. Wir waren harmloser und wollten ja mit unserem Unternehmen nicht Hitler stürzen, sondern Vondenhoff halten, und mit ihm Händel. So war denn auf unseren Zetteln zu lesen: WIR WOLLEN HÄNDEL SINGEN UND NICHT STIFTEN (eine Art salvatorischer Klausel). Oder: HÄNDEL ROTIERT IM GRABE. Oder: WIR SINGEN MIT

BEGEISTERUNG – DIE STADTVERWALTUNG DANKT MIT STUNK.

Dergleichen einfältiges Aufbegehren mag heute in der Tat kindisch und abgeschmackt klingen, – wer nicht begreift, dass es damals eine schon mutig zu nennende Aktion des Nein-Sagens war, die den Eltern jener Studenten zur rechten Zeit nicht hatte einfallen wollen, der begreift auch jene Zeit nicht. Die wir doch begreifen müssen, damit wir uns begreifen.

Das Ende ist bald erzählt. Natürlich war jene Protestversammlung unter Freiburgs täuschendem Sommerhimmel von der Gestapo beschickt worden, und Spitzel hatten vorgesorgt. Die städtische Polizei, im letzten Kriegsjahr mit schwachen und schwächlichen Figuren nur besetzt, löste nächtens noch von den Mauern, was wir angeklebt hatten, und kaum einer unserer Aufrufe mag gelesen worden sein. Sie tat aber mehr: Jener Trupp, der meiner Anführung vertraut war und den ich an der Tête witternd sicherte (denn natürlich war auch eine Art Indianerspiel-Lust an der Sache beteiligt), wurde verfolgt. Leicht hätten die beiden Mädchen in der Nachhut entkommen können, sie waren sehr viel schneller als diese eher rührenden Reserveaufgebotsmänner, aber sie ließen sich bewusst greifen und festnehmen: In diesem Augenblick konnten die anderen sich in Sicherheit bringen, und sie taten es auch. Dann folgten angstvolle Tage. Wir sprachen vor beim Rektor, bei der Polizei, der Gestapo, man hielt uns hin und die Mädchen im Gefängnis. (Sie klebten übrigens buchstäblich Tüten.)

Nach drei Tagen wurden sie entlassen, kamen zurück, kamen während eines Kollegs durch die Tür des Hörsaals, als sei nichts gewesen.

Es war aber viel gewesen, ein hilfloser Aufschrei von Fast-Kindern noch, in seiner Folge zwar ganz und gar ergebnislos, aber wer ein gut gewolltes Tun nur nach seinen messbaren Folgen wertet, vermindert auch das folgenreiche Tun des Guten.

Wenige Wochen nach unserer Aktion ließ Stauffenberg die Bombe im Führerhauptquartier explodieren. Wenige Wochen später fielen die Bomben vom Himmel, und Freiburg wurde zu dem, was es heute ist: Erinnerung an das alte Freiburg.

Aber die Vondenhoff-Affäre dieses Sommers war nicht alles, war Begleitmusik. Es gab auch die Wissenschaft und ihre Vermittlung. Von Rehm war schon die Rede, – es gab auch Heidegger. Und Philologen.

Das Kolleg hieß *Die Vorsokratiker*, aber es handelte eigentlich nur von Protagoras. Noch heute scheint mir der griechische Name korrekt zu klingen nur in heller schwäbischer Lautung. Denn der Dozent hieß Walter Nestle, war Philolog und eines Philologen Sohn, er lehrte mit großer Intensität, ja mit eindringender Heftigkeit. Wir hörten staunend zu, und fast ein wenig willenlos. In diesem kleinen Hörsaal sah ich zum ersten Male Walter Jens. Wir nahmen einander interesselos zur Kenntnis, bemühten uns nicht umeinander, ahnten nicht, dass wir eines Tages Kollegen werden und Freunde sein würden.

Aber als Zufall will es mir denn doch nicht erscheinen, dass wir einander im Namen des Protagoras zum ersten Mal begegnet sind. Im Namen eines Rhetors und Aufklärers, eines leidenschaftlichen Lehrers, eines *homo politicus*. Wer sich an ihn hielt, wie er da in schwäbischen Zungen sprach, erfuhr auch etwas von der damaligen Wirklichkeit mit Hilfe ihres Gegenbildes.

Der Rationalist Protagoras, der Asebie angeklagt, floh vor dem Urteil und ist 421, heißt es, bei einem Schiffbruch umgekommen. Nestle aber wurde, als der Krieg zu Ende war, von marodierenden *displaced persons* erschlagen.

Literatur als *Instrument* des Widerstandes: Das wäre hier allzu dramatisch, wäre zu vermessen ausgedrückt. Wohl aber doch als ein *Ort* des Widerstandes. Wir erlebten das auch in anderen Vorlesungen, in denen Heideggers, in denen Walther Rehms. Und wussten, wovon die Rede war, wenn Heidegger Heraklit interpretierte, vielmehr deutete. Den so erbärmlich Missbrauchten, der – freilich provozierend genug – den Krieg den Vater aller Dinge genannt hat. Eben doch auch der furchtbaren, der schrecklichen, der unmenschlichen Dinge. Von denen Rehm sprach, wenn er die gequälte Kreatur Woyzeck vor uns leiden ließ. Physisch spürbar ging da ein den großen Hörsaal bewegender Protest durch die Reihen, – Protest nicht gegen den Professor, nicht gegen seinen Stoff, sondern vielmehr *mit* diesen beiden gegen unsere Zeit. Die nicht die unsere war und die uns doch hatte.

Wer nicht frei sprechen darf, befreit sich, indem er

sich die Fesseln einer Rolle anlegt. Wir spielten also Theater. Die Leitung hatte Dieter Waldmann. Knabenhaft zart wirkte er und war es auch, aber schon damals beherrscht von einem energisch gestaltenden und inszenierenden Willen, dem wir uns alle, manche älter und erfahrener als er, selbstverständlich unterordneten. Er brachte die federnden Perioden der Sätze, die metrischen Schwingungen der Verse in die ihnen gebührende Ordnung, lehrte uns sprechen und das Gesprochene verstehen.

Es waren die Verse der *Elektra* des Sophokles. Furchtbare Vorgänge, triefend von Hass und Blut und Rache, aber vibrierend auch vom Pathos der Reinigung. Es gibt eine Chance für den Menschen, das selbst verantwortete Chaos zu überwinden. Gegen die Götter, mit den Göttern: Sie sind die Projektionen überhöhten Menschseins. Die Götter sind sterblich.

Wir hielten mit Vehemenz und Passion unsere Proben ab, stiegen nachts durch die Fenster in das Hauptgebäude der Universität und bewegten uns szenisch auf der schwarzen Bühne der großen Treppe im flackernden Dunkel-Licht von mühsam errafften und gehorteten Kerzen, – des Verdunkelungs-Gebotes halber.

Wir probten auch im Gasthof-Saal. An dessen Stirnseite war auf einem Brett ein gipserner Hitler-Kopf postiert. Und da geschah, mitten hinein in unsere Deklamationen, etwas Ungeheuerliches. Eines der Mädchen (*à part* gesprochen: Wir hatten eben dieses Stück in männerarmer Zeit auch ausgewählt, weil

es von Frauenrollen getragen wird: Elektra, Chryso-
themis, Klytaimnestra), – eines der Mädchen also
unterbrach ihren Text, ging, nein schritt durch den
ganzen Saal, setzte hallend Fuß vor Fuß, rückte am
Ende sich einen Stuhl zurecht, stieg darauf, packte
den Hitler-Kopf mit der Hand, drehte ihn zur Wand
und sagte dazu, tonlos und laut: »Ich kann dieses Gesicht nicht mehr sehen.«

Hitler verlor sein Gesicht. Das geschah vor beklommen schweigenden zwanzig oder dreißig Zeugen, und wir kannten einander nicht eben gut, denn
nur das Spiel hatte uns zusammengebracht aus vielen
Richtungen. Ich weiß, was ich sage: Diese Tat hätte die
Studentin ihrerseits den Kopf kosten können. Und sie
bleibt dem Fräulein Monika v. Zitzewitz unvergessen.

Dieter Waldmann übrigens wurde dann ein prominenter Dramaturg und Regisseur am Südwestfunk
in Baden-Baden, auch Autor: Gründgens wagte die
Uraufführung seiner Harlekinade *Von Bergamo bis
morgen früh* (1960). Er ist nicht alt geworden. 1971 ist
er – 45-jährig – gestorben. An jenem Herzleiden, das
ihn schon damals in Freiburg zeichnete.

Besuch bei Martin Heidegger

Meine Freiburger Begegnung mit Martin Heidegger, der für kurze Zeit auch mein akademischer Lehrer war, setzte sich fast 20 Jahre später auf wunderliche Weise noch einmal in Szene.

Es war Anfang der sechziger Jahre in Heidelberg. Hans-Georg Gadamer und Frau Gadamer baten zum Abendessen, zu Ehren ihres Besuchers Martin Heidegger. Im kleinsten Kreis: Geladen waren der Historiker Werner Conze und ich, der Altgermanist.

Ich war mir der Ehre bewusst und hatte in Schubladen und Fächern gekramt, hatte dann jenen Schein gefunden, den ich nun bei der Vorstellung im Hause Gadamer gewissermaßen als Passepartout vorwies. Heidegger nahm ihn, las, lachte und verkündete: »Das ist ein großes Dokument!« Von ihm wird noch die Rede sein …

Der Abend war von ernster Heiterkeit, die Politik – die raketenmächtige und in den Weltraum hinausgreifende – war eines der Themen. Und zimmerfüllend war des Denkers vergnügte Heiterkeit, als einer der geistvollen Bildwitze aus dem *New Yorker* zitiert wurde: Ein Computer, riesig wie ein Wolkenkratzer, davor zwei winzige Männer, aus dem Schlitz des Gerätes drängt sich die Fahne der bedruckten Papierrolle, und der eine sagt zum andern: »Damned, he always says: *Cogito, ergo sum ...!*« Das das Sein begründende Denken; Heideggers listige Augen verengten sich zu Schlitzen im herzlichen Gelächter.

Was aber hatte es auf sich mit dem »großen Dokument«?

Mein Kieler Jugendfreund Werner Creutzfeldt, heute hoch angesehener Göttinger Internist, damals in Freiburg als Marinefähnrich in der Sanitätskompanie, nahm mich – den Neuankömmling – mit in Heideggers Kolleg. Wenn ich anfüge, dass Creutzfeldts Mutter damals im Gefängnis saß, weil sie Hitler gelästert hatte und denunziert worden war, so hat diese Anmerkung insofern mit Heidegger zu tun, als wir von dem Rektor des Jahres 1933 und seiner Rede nichts wussten, das war schon elf Jahre her, damals waren wir Kinder gewesen; 1944 schien sich keiner an diese unselige Verstrickung zu erinnern.

Heidegger las über die Vorsokratiker, las über den dunklen Heraklit. Die Stimme ein wenig heiser, hoch und nasal getönt, der Blick aufs Manuskript oder durch uns hindurch, das voll besetzte Auditorium nahm er nicht zur Kenntnis, er war in seiner Präsenz wie abwesend. Die Haltung der Strenge und der Isolation, ja der Einsamkeit war es mehr als die philosophische Botschaft, was mich bewegte. Zumal ich nach einiger Selbstprüfung begriffen hatte, dass es mir an einer eigentlich philosophischen Begabung gebrach. Es mag ja den späten Nachfahren als eine Bagatelle erscheinen, und doch war es ein Ereignis von sensationellem Charakter, dass Heidegger, das Podium betretend, verzichtete auf das peinliche Ritual, das ausnahmslos alle seine Kollegen in jenen Jahren im Angesicht des Hörsaals fügsam vollzogen: Ausstrecken des rechten Armes zum so genannten »Deutschen Gruß«. Den leistete er damals nicht. Und wir nahmen es zur Kenntnis.

Zum Ende des Semesters durchsetzte er einmal die wissenschaftliche Verkündung mit einer persönlichen, einer privaten Mitteilung. Das war wenige Tage nach dem Tode Max Kommerells (25. Juli 1944), des Marburger Literaturwissenschaftlers, Dichters und früheren Freundes von Stefan George. Ich meine, den Wortlaut des Nachrufs getreu wiederzugeben: »Er war der Einzige seines Faches, mit dem ich fruchtbare Gespräche führen konnte …«

Es war die Verpflichtung zur Anstrengung des Denkens, die als solche in ihrer Strenge und Zeitentrückung uns zu gelten schien als ein Widerspruch gegen die Zeit. Weit entfernt, eine dezidierte Widerstandshandlung zu beherbergen, war auch dieser Hörsaal doch ein Ort der spröden Verweigerung – so jedenfalls verstanden wir ihn.

Heidegger hielt überdies ein Seminar ab, *Grundbegriffe des Denkens*. Die Besonderheit war eine Limitierung, nämlich: »Nur für Kriegsteilnehmer«. Dabei ging es ihm nicht etwa um die Übersetzung von Kriegs- und Kampferlebnissen in die Kategorie des Philosophierens. Er wollte es in der damals zu nahezu

90 Prozent von Mädchen besetzten Universität endlich einmal nur mit männlichen Partnern zu tun haben, – wie und ob sie Kriegsdienst geleistet hatten, blieb hier eine freundliche Gleichgültigkeit. (Sein Assistent damals aber war eine Assistentin.) Nun zu dem »großen Dokument«. Ich verfasste eine Seminararbeit, nichts von Belang, das Protokoll einer Sitzung. Und flocht einige Überlegungen ein, die nicht von denkerischer Gewichtigkeit, wohl aber doch von einiger Unkonventionalität geprägt waren, – und die vergnügte Zustimmung des Seminarleiters und der Teilnehmer erregten. Immerhin aber hatten sie in solchem Maße Heideggers Aufmerksamkeit gefunden, dass er zum Ende des Semesters, als ich ihm in der Schar der anderen den Seminarschein mit der Bitte um Unterschrift vorlegte, mit eigener Hand zwischen die vorgedruckten, die Teilnahme bestätigenden Zeilen die Worte einschob: »Mit großem Fleiß und bestem Erfolg«.

Das »große Dokument« ermutigte mich damals zu einer Handlung, die ich besser unterlassen hätte. Es widerstrebte mir, das Semester, damit Freiburg und damit eine Phase freilich sehr relativer und doch als Geschenk begriffener Freiheit zu verlassen, ohne Abschied zu nehmen von alldem, auch von Heidegger. So erbat ich mir das Privileg, ihn zu Hause besuchen zu dürfen, die Bitte wurde unkompliziert bewilligt, ich nahm das Fahrrad und suchte ihn auf in einem Haus aus Holz, innen wie außen, – so jedenfalls habe ich es in der Erinnerung. Da saßen wir einander dann gegenüber, und ich redete, wohl ebenso befangen wie unbefangen über das, wovon das Herz voll war. Und das war, wie denn anders, die Situation von Geist und Moral und Individuum inmitten der Brutalität einer Ideologie und ihrer barbarischen politischen Entsprechungen, die sich längst ad absurdum geführt und insoweit erledigt hatte. Ich äußerte mich durchaus ungeschützt und kam mir dabei nicht einen Augenblick mutig oder gar kühn vor (es war die Zeit nach dem 20. Juli 1944, in der jede verdächtige Äußerung als »defätistisch« mit dem Bluturteil beantwortet wurde). Denn unbeirrbar war ich dank der Stunden vor Heideggers Katheder der Überzeugung, dass er den Geist schlechthin gegen den Widergeist verkörpere.

Natürlich argumentierte ich nicht etwa als ein ihm angemessener philosophischer Gesprächspartner, aber doch war, was ihm zu sagen ich mir und ihm zutraute, von dem heillosen Ernst eines Endzeitphasen-Bewusstseins bestimmt. Es geschah aber etwas Merkwürdiges. Heidegger schwieg. Jedenfalls reagierte er nicht. Wich aus in Floskeln, sagte etwas davon, dass »Ärzte für die Seele wichtiger seien als solche für den Leib«, und blieb von einer nicht zu fassenden Unverbindlichkeit. Ich verabschiedete mich und zog fremder aus, als ich gekommen war.

Heute weiß ich mir so wenig eine Antwort auf dieses Schweigen wie damals. Allenfalls mag ich die Vermutung nicht ausschließen, dass er, Kenner des Seins wohl eher als Kenner der Menschen, mich für einen *Agent provocateur* hielt. Vielleicht auch, dass er an die Rektoratsrede des Jahres 1933 dachte …?

Wenige Tage später packte ich meine Sachen, zog wieder Uniform an, meldete mich zurück bei meinem Truppenteil. Wenige Wochen später verbrannte das alte Freiburg. Mit ihm auch ein Kollegheft mit dem Skript einer Heidegger-Vorlesung.

Nachwort:
Jenes Protokoll aus meiner anfängerhaften Feder, das der Wiederbegegnung mit Heidegger im Hause Gadamer eine Art von Autorisation gab, von mir in seiner schriftlichen Fassung längst vergessen und verloren geglaubt, ist zu meiner Überraschung nun gedruckt erschienen: Im Band 87 der Heidegger-Gesamtausgabe, Nietzsche. Seminare 1937 und 1944, hg. von Peter von Ruckteschell, Frankfurt am Main 2004, S. 298–302.

Entlassung aus dem Wehrdienst

Superlative haben, das ist ihre Absicht, eine exkludierende Funktion. So zögere ich denn, von dem »glücklichsten Tag meines Lebens« zu reden (denn es gab deren noch einige mehr, gottlob), wenn ich auf den Tag meiner Entlassung aus dem Wehrdienst zu sprechen komme. Wieder ist eine Absurdität zu vermelden, die an das Wunderbare grenzt. Als wäre ich aus der Zeit gefallen. Im finalen Stadium des Krieges, als man mit allen Mitteln das letzte Aufgebot zusammenraffte aus Alten und Schwachen und Allerjüngsten und Kranken, – da verhieß eine gegenläufige Maßnahme der Militärverwaltung jener Kategorie von Soldaten die Entlassung aus dem Wehrdienst, die »avH« geschrieben waren, das heißt »arbeitsverwendungsfähig Heimat«. Dank ärztlicher Bescheinigung zählte ich zu diesen im Militärdienst deutlich überflüssigen Soldaten, die Kartoffeln schälten in der Stammkompanie oder sinnlos Wache schoben oder irgendwo einen Graben ausheben mussten, der die russischen Panzer vor Wien aufhalten sollte. (Unvergesslich der österreichische Korporal, der mit zehn Mann und Hacke und Spaten ausgezogen war zum Zwecke solcher Befestigungsarbeit. Wir aber legten uns erst einmal in die karge frühherbstliche Sonne und bekundeten Arbeitsunlust, – was der Unteroffizier zum Entzücken des einzigen Preußen in der Schar quittierte mit dem verzweifelten Ausruf: »Geht's, Leidln, tut's arbeiten und treibt's ka Sabotasch …!«)

Ich also gehörte zu den wenigen Glücklichen, denen die Entlassung anstand. Aber der den endgültigen Befund klärende Arztbesuch stand noch mit Drohgebärde vor dem Freiheit verheißenden Weg. Wieder half mir die gnädige Lässlichkeit des österreichischen Wesens. Unter der Schar der in der Ambulanz des Lazaretts wartenden Soldaten hatte sich herumgesprochen, dass der zuständige Stabsarzt Dozent war in einer der medizinischen Fakultäten der Stadt. Und ingeniöser Eingebung folgend, meldete ich mich vor ihm nicht – wie gehörig – mit seinem militärischen Rang, sondern adressierte ihn als »Herr Dozent« (mit lang gezogenem »e«). Damit tat ich recht, denn ohne ein weiteres Wort bestätigte er den alten entlastenden Befund, und ich war der Freiheit einen Schritt näher. Noch nicht den letzten Schritt, so leicht geben die Preußen ihre Leute nicht auf. Aber ich wurde in Marsch gesetzt in die von mir angegebene Ziel- und Heimatstadt, also Berlin. Und es musste eine letzte militärärztliche Hürde, die Bestätigung der Bestätigung, dort noch genommen werden. Mit den Unterlagen bestückt, wurde ich kommandiert in die Augenabteilung eines mir unbekannten Lazaretts, – und erfrechte mich zu einem letzten Akt der illegalen Unbotmäßigkeit: Ich suchte statt des befohlenen Ziels ein anderes, mein altes vertrautes Lazarett, suchte die alte vertraute Station 17, suchte die alten vertrauten Ärzte auf. Und prompt gab Dr. Grieger imperativisch zu Protokoll: »Entlassung dringend empfohlen!« Blieb noch das fatale Problem mit der authentischen Stempelung, der korrekt absegnenden, denn ich war ja im »falschen« Lazarett, in der falschen Augenstation. So bemächtigte ich mich denn, die alten Handgriffe saßen noch, des Arzt- wie des Stations-Siegels und stempelte so, dass die Namens- und Orts-angaben über den Rand des Formblattes hinaus-ragten, also der Abdruck zwar rudimentär, aber doch deutlich offiziell sich darbot, – eine nicht weiter auf-fallende Lässigkeit.

Und ich wurde entlassen. War frei, – so frei wie seit nahezu vier Jahren nicht. War Zivilist. Und der Zivi-list hatte sein Zivil, das heißt das, was er auf dem Leibe trug – sonst nichts. Und förderte aus dem Militär-fundus drei Zeichen heraus in die andere, die ›nor-male‹ Welt: das Panzersturmabzeichen in Silber, – das war in der Ordnung, da es die Teilnahme an mindes-tens drei Angriffen bezeugte. Kein Verdienst war ver-bunden mit dem Verwundetenabzeichen, und zwar in der Silber-Fassung. Damit war der Verlust eines Auges abgegolten; – und dass mir eines Tages Stabs-arzt Dr. Gescher das Eiserne Kreuz Zweiter Klasse angeheftet hatte, war nicht die Prämie für eine he-roische Tat, sondern die mechanisch vorgeschriebene Konsequenz aus der Verleihung jenes Verwundeten-abzeichens.

Herbst 1944: Der Zivilist durfte nun auch wieder Student sein. Ich ließ mich inskribieren in der Universität einer vom Krieg noch kaum beschädigten Stadt: in Jena.

Ein Wintersemester in Jena
(1944/45)

Der neu hergestellte Zivilist räumte also im November 1944 das Tag und Nacht den Fliegerangriffen ausgesetzte Berlin und zog zur Fortsetzung des Studiums nach Jena. Und durfte sich wieder eines Privilegs erfreuen. Der dortige Ordinarius jenes Fachs, das nun das meine geworden war, hieß Carl Wesle. Und er war ein alter Freund der Familie, wir hatten in der Bartelsallee in Kiel Haus an Haus gewohnt. Und Tochter Dorothee war eine Schulfreundin meiner Schwester Marianne.

An Wesles also wandte ich mich, wohnungsuchend. Und erhielt prompt von ihnen den Zuschlag. Ich durfte nunmehr, überraschend genug, Tür an Tür mit dem Professor »meines Faches« wohnen, in ständigem Austausch von Frage und Antwort.

Die Zeit geriet langsam, aber mit deutlichem Geräusch aus den Fugen. Mutter und Tochter Wesle brauchten Medikamente gegen ihre Migräne, – ich erhielt sie als Kriegsbeschädigter in der freundlich gesinnten Apotheke. Wir hungerten nicht, aber spürten den Mangel in allen Knochen, – ich machte den Mittagstisch der Familie reicher mit Hilfe der »Kriegerwitwenkartoffeln«. Mit ihnen hatte es folgende Bewandtnis: Es saßen ja kaum Männer im Hörsaal in diesem letzten Kriegssemester, und unter den sie umringenden weiblichen Studenten waren noch ganz junge Frauen, die schon Witwen waren, Kriegerwitwen eben, denen ein eigenes Heim eingerichtet war, darin sie auch versorgt wurden. Und zwar immerhin in allem Mangel so reichlich, dass sie mir, der ich nicht nur bedürftig aussah, sondern es auch war, Kartoffeln ihres Mittagstischs mitbrachten ins Kolleg. Die ich wiederum der Wesle'schen Küche zugute kommen ließ. Übrigens war Wesle zu jener Zeit auch Dekan der Philosophischen Fakultät, es fielen während der Mahlzeit mancherlei Informationen ab, die mich die Eigentümlichkeiten der Universitätspolitik in jener Zeit näher erfassen ließen. Keine ermutigenden Informationen.

Und noch weniger ermutigend, was legale und illegale Nachrichten und Gerüchte ins Haus brachten. Die stolzen Sondermeldungen mit des missbrauchten Franz Liszt *Les Préludes* waren längst verklungen, jetzt markierten »Frontbegradigungen« den Lageplan, und die nüchternen Aussagen wurden propagandistisch überlagert von den längst durchsichtig gewordenen Schichten der Lüge: Ihr sinnentleertes Durchhaltepathos, ihre nur noch scheinbar Hoffnung kündenden Parolen bestätigten komplementär, was die so genannten Feindsender nächtens verbreiteten. Der Krieg taumelte seinem Ende zu, und nur unwillig räumte ich zu nächtlicher Stunde meinen Platz vor dem leise gedrehten Radio, London abhörend, wenn der Professor im Bademantel ins Zimmer trat und mich ins Bett scheuchte. Er glaubte der Nazipropaganda zwar nicht, aber noch weniger wollte er den anderen glauben ...

Allerdings wurde eine wohl überhöhte persönliche Erwartung gelegentlich enttäuscht, mit der ich eingezogen war in das Professorenhaus. Statt sich mit mir gelehrt zu besprechen über die nordischen Vorstufen des Nibelungenlieds oder über das Versgerüst der frühmittelhochdeutschen Epik, räsonierte Wesle lieber über die besten Methoden der Fermentierung jener Blätter, die die Bäume in seinem Garten hergaben. Damit er sie in seine Pfeife stopfen und sich wenigstens die Illusion eines Tabakgenusses verschaffen konnte. Ein mich weniger als ihn ständig bewegendes Thema.

Dabei rührte eine scheinbare Bagatelle mich an, mir bedeutend, wie die Universität selbst im Winter 1944/45 noch ein Bewusstsein dessen pflegte, dass geistige Disziplin etwas zu tun hat mit der Disziplin der Form: Wesle kleidete sich zu jedem seiner Kolleg-Auftritte in einen schwarzen Anzug, von dem er sich, nach Hause zurückgekehrt, unverzüglich befreite zugunsten seines Alltags-Habits.

Der Krieg ging zu Ende, indem er auch auf Jena zuging. Die Englisch-Lektorin schlug als Thema für unsere nächste (dann ausfallende) Konversations-Stunde »About suicide« vor. Das war so eigenwillig wie dunkel-prophetisch. Gleich vielen anderen Studenten schien es mir ratsam, das Zuhause aufzusuchen, – wofern es das noch gab. Ich packte meinen Koffer, er war schwer, also gab ich ihn am Bahnsteig auf, – und hatte ihn damit endgültig aufgegeben. Vermutlich ist er mitsamt seinem Inhalt verbrannt oder zerrissen von Bomben oder Plünderern, – es ist mir heute noch leid nicht um das geringe materielle Gut, das mit ihm dahinging, sondern um das Tagebuch und manche mit Fleiß beschriebene Seite, die mir später meinen damaligen Wissens- und Bewusstseinsstand hätten bezeugen können.

Ich will das Kapitel Jena nicht schließen ohne ein Wort dankbaren Gedenkens an Professor Carl Wesle und Frau und Tochter, die mich wie einen Sohn aufgenommen haben in den Verband ihrer Familie, noch das Gefühl, die Illusion von Halt und Sicherheit und auch Menschlichkeit verheißend. Ich habe nie wieder von ihnen gehört.

Rektor der Universität war im Übrigen der Biologe oder Zoologe Astel, dessen Forschungsinteressen der Hühnerzucht zugewandt waren. Er verbot den weiblichen Studierenden das Rauchen, – das durfte er unbesorgt fordern, denn es gab ja keine Zigaretten. Sein Sohn Arnfried war dann nach dem Krieg einer der interessantesten Vertreter einer neuen Lyrik und überdies ein verdienter Kulturredakteur beim Rundfunk des Saarlandes.

Achtungsvoll auch der Blick zurück auf den jungen und aufgeschlossenen Privatdozenten Heinz Stolte, der die Literaturwissenschaft unter anderem um den Begriff des »Motivreims« bereicherte. Als Antifaschist, der er gewiss war, machte er in der DDR Karriere, siedelte später aber nach Westdeutschland über. In seinem Seminar verfertigte ich ein Referat über die Novellentheorie von Paul Ernst, einem Dichter, der heute so vergessen ist wie mein ihm gewidmeter und viel zu langer Aufsatz ...

Das Gedächtnis gibt die Streckenabschnitte nicht mehr her, über die ich in einer langen Reise – ein Tag, eine Nacht, noch ein Tag – von Jena nach Hamburg kam. Aber ich kam. Und konnte im letzten Abschnitt des Weges, kurz vor Hamburg, noch einigen 19-jährigen Leutnants meine Meinung mitgeben, den Sinn des letzten Einsatzes betreffend, zu dem sie jetzt verladen wurden. Ich verfuhr allerdings mit dem Bekenntnis meiner Skepsis zurückhaltender als damals in der Bar von Johnny.

Das Ende des Krieges, den Neuanfang vor dem Anfang erlebte, überlebte ich unter einem befreundeten Dach in Blankenese.

Hamburg 1945:
Wie der Anfang anfing

Die letzten Wochen vor dem Ende des Krieges. In Hamburg. Das hieß: sich bewegen mit Hilfe nur noch ungeregelt funktionierender Verkehrsmittel inmitten von Trümmern. Die Stadt war eine Totenstadt insofern, als sie aus leeren Mauern bestand, aus Straßen wie Pfade durch Schutt und Asche, in denen noch kalter Brandgeruch schwelte. Der über der Stadt lag seit jenen Tagen und Nächten des Juli und August 1943, als das alte Hamburg unterging im Flammenmeer (*Operation Gomorrha*). Das Merkwürdige war (und bleibt), wie selbstverständlich man sich gewöhnte an das Nicht-Selbstverständliche, wie das Anormale und Anomale den Schein des Normalen annahm. »Ausgebombt« die Menschen, und sie hatten irgendwo Zuflucht gefunden, – vielleicht in Häusern, die nur »durchgepustet« waren, deren Mauern also noch standen. Und dieses fürchterliche Heulen der Luftschutzsirenen, ihr auf- und abschwellender Hyänengesang, den nie aus dem Ohr verliert, der ihn je gehört, – dieses Martergetön wurde in den letzten Kriegsmonaten oder -wochen zur oft täglichen, meist nächtlichen Gewohnheitsmelodie. Man griff nach dem Koffer, der das enthielt, was man als das Allernötigste empfand, kletterte in den Luftschutzkeller, in den Bunker, dessen meterdicke Mauern den Schutz versprachen, den die Keller der Häuser nicht liefern konnten im Falle des direkten Bombentreffers. Hamburg hatte sich ein gestaffeltes Warnsystem eingerichtet. Die höchste regierende Instanz, der so genannte Reichsstatthalter, Kaufmann sein Name, hatte sich eine gewisse Popularität in dieser finalen Phase erworben dadurch, dass er in den letzten Minuten, bevor die feindlichen Bomber das Stadtgebiet berührten, das Mikrophon übernahm und offiziell die »Fünf-Minuten-Warnung« aussprach, dazu tickte die Uhr hörbar, und seine väterlich timbrierte Stimme trug ihm den wohlwollenden Beinamen des »Doktor Baldrian« ein.

Diese letzten Wochen vor dem Ende. Vor dem Anfang. Es will mir so scheinen, als wäre das ganze Volk einer Art von tiefer Lähmung anheim gefallen. Auf ein gutes Ende zu hoffen, wie es die braune Propaganda sich täglich wiederholend verhieß, so verlogen wie scheingewiss, war dem Verstand nicht mehr möglich. Aber der Mensch ist ein wunderliches Wesen nicht nur in seiner Fähigkeit zur Akkomodation an jegliche Umstände, sondern auch in seinem Hoffnungswillen, der sich umso störrischer bewährt, je geringer die Solidität seiner Voraussetzungen. Man *nahm* hin, nachdem man alles schon hin*gegeben* hatte. Tag für Tag diese schwarz geränderten Anzeigen, in ihrer Fülle ganze Zeitungsseiten bedeckend, – und nicht wenige von ihnen unterschrieben die furchtbare Nachricht vom Tod des Vaters, des Mannes, des Sohnes mit der zynisch klingenden und eher hilflos gemeinten Bekundung: »In stolzer Trauer«. Folgten die Namen der Eltern, Geschwister, der Frau oder der Braut.

9. Mai 1945: Kapitulation der deutschen Wehrmacht an allen Fronten. Kapitulation des Deutschen Reiches. Ende des Dritten Reiches. Im Norden die Briten als Besatzungsmacht. Unaufdringlich, und mancher Deutsche macht um die fremden Soldaten in ihren sehr einfachen Uniformen einen Bogen, – und mancher macht ihn nicht. Eine der ersten Maßnahmen der Besatzer: *Curfew*. Das heißt: Es darf sich niemand mehr auf der Straße sehen lassen nach 22.00 Uhr. Das schränkt die Beweglichkeit ein, – man übernachtet zuweilen auf fremder Matratze, weil man den Weg nach Hause nicht mehr zur rechten Stunde schaffte. Der Wohnraum ist bewirtschaftet wie das Heizmaterial, wie die Ernährung. Es ist wahr, wir haben erbärmlich gehungert und erbärmlich gefroren, aber in uns allen war nur *ein* Gefühl inmitten der vielen Gefühle dominant: das des Glückes, überlebt zu haben. Das der großen Unwahrscheinlichkeit, noch einmal davongekommen zu sein.

Am Sonntagvormittag, alle vier Wochen, wurden die Lebensmittelkarten ausgeteilt. Rationen verheißend von lächerlicher Dürftigkeit. Nach Beruf und Alter unterschiedlich gewichtet. Gelegentlich ein Aufruf: Auf Abschnitt soundso die Sonderzuteilung einer Portion so genannter Nährmittel, – was immer man sich darunter vorstellen mochte. Wie immer in von der Not organisierten Systemen war da ein Untergrund, der die legalen Verhältnisse untergrub. Es gab ehemalige Volksgenossen, die »hatten alles«. Mit dieser durchaus gängigen Formulierung war gemeint, sie hatten zu essen und zu trinken. Wohl dem, der einen Weg dahin fand, – mit Hilfe naturgemäß von Tauschangeboten, die gleichermaßen als Kostbarkeit glänzten. Oder zu Preisen auf dem schwarzen Markt, die ein Vielfaches der nahezu wertlos gewordenen Reichsmarkgrößen betrugen. Auf verwinkelten Plätzen rottete man sich zusammen, kaufte und tauschte, und eine Pall Mall kostete 10 oder 20 Mark, meine Monatsration Zigaretten-Marken ergab ein Pfund Zucker. Gelegentlich machte die Polizei Razzien, das verschlug wenig. Es wurde mir damals die finanzielle Beteiligung angetragen an einem Lastzug geschmuggelter Zigaretten, – ich verweigerte mich: nicht aus Angst vor dem Zugriff der Behörde, sondern weil ich meinte, mich solcher Geschäfte schämen zu müssen, wenn ich sie eines späten Tages meinen Kindern würde gestehen müssen. Nicht ahnend, wie sie jenes späten Tages den Narren verhöhnen würden …

Die Winter 1945/46 und 1946/47 und 1947/48 waren hart. Wohl dem, in dessen Haus sich ein Ofen fand, wohl dem, der diesen Ofen zu heizen Stoff hatte. Wir brachen die letzten Balken aus zerstörten Häusern, zündeten irgendwelche schmierigen Chemikalien an. Und wer sich beim Frisör die Haare schneiden lassen wollte, der musste zwei Briketts mitbringen, nebst der wertlosen geldlichen Entlohnung. Man wird vergeblich den Ausdruck der atemlosen Freude wiederzugeben versuchen, die den begünstigten Empfänger eines *Care*-Paketes erfüllte. Der Hochherzigkeit amerikanischer Freunde zu verdanken, die – oft unter Opfern – die Dollarbeträge für jede Sendung aufbrachten. Und in dem Karton war ein Glücksreichtum zu finden, der alles übertraf, was das Leben je geschenkt zu haben schien an weihnachtlichen oder anderen Festesfreuden: Dosen mit Schinkenspeck und mit Nescafé und *Corned Beef*, Zigaretten und Schokolade und Trockenfrüchte und Kondensmilch. Und und und.

Vergängliches Glück, – bald, allzu bald versuchte man eine andre Form von Glückserwerb, klammerte sich an die Außentüren und Puffer eines überfüllten Zugwagens und fuhr aufs Land und bot den Bauern an, was übrig geblieben war: Uhren und Photoapparate und Essbesteck und Schmuck. Und das Landvolk, der andrängenden städtischen Bettlerscharen – darunter auch ich – satt, verweigerte sich, – oder legte, wie kolportiert wurde, nun seine Kuhställe mit Perserteppichen aus ... Seitdem, seit dem Schlangestehen vor dem Lebensmittelladen (wenn eine Sonderzuteilung verheißen war), seit dem Bittbegehren vor den satten Bauernhäusern habe ich mir geschworen: nie wieder anzustehen, wenn es um Nahrungsverteilung geht ... Nahrung, in die sich auch meine Geige umsetzte, ein immerhin 150 Jahre altes Stück aus dem Schwarzwald, und damit endete meine musikalische Grundausbildung.

Womit ich mich abwende von der materiellen Mangelszene zur geistigen und ihrer Befriedigung. Als die Theater wieder spielten, erfuhren wir so verstört wie staunend, was alles uns vorenthalten worden war, und je leerer die Mägen, desto voller die Schauspielhäuser und Konzertsäle. *Wir sind noch einmal davongekommen*, Thornton Wilders Parabel wie die andere von *Unserer kleinen Stadt* verzauberten uns nicht minder als die Dramen von Giraudoux und Anouilh und *Die Fliegen* von Sartre. Unter Eugen Jochum ließen die Philharmoniker inbrünstig Bruckner aufrauschen, und unter Hans Schmidt-Isserstedt spielte das Symphonieorchester des Rundfunks Mendelssohn, dessen Musik manche von uns zum ersten Mal hörten. Auch hier war Mangel das Regulativ, und so bestieg ich denn mit anderen Begehrenden jeweils vor der Karwoche das früheste aller Verkehrsmittel, am Dammtorbahnhof angekommen rannten, ja rasten wir keuchend zur Theaterkasse, Billets der *Matthäuspassion* anstrebend (unter Jochum mit Annelies Kupper, seiner favorisierten Sopranistin), das Kontingent war ärmlich, die Mehrzahl der Karten ging den lukrativen Tauschweg ... Der Heimweg dann, immer noch durch das Grau der Morgenfrühe, war je nach Erfolg mit leichten oder schweren Schritten anzutreten, und der wilde Lauf hatte die ausgemergelten Körper heftig geprügelt, das lange Schlangestehen sie nicht gestärkt ...

Man weiß, was Hitlers sich als Kulturpolitik verstehende Zerstörung der modernen Bildenden Kunst angerichtet hat (mit deren gestohlenem Verkauf sich die korrupte Herrschaft die Kassen füllte). So war denn die Ausstellung der »Wegbereiter«, die schönsten Produkte des Expressionismus vorführend, eine so augen-, wie geist-, wie herz-öffnende Sensation. Sie wirkt in mir bis heute nach.

Die Universitäten wurden eröffnet. Zuerst Heidelberg. Hamburg folgte im Winter 1945/46. Die Zulassung des einzelnen studentischen Bewerbers hing ab von der Reinheit seines Fragebogens, – die in den meisten Fällen garantiert war durch das jugendliche Alter des Applikanten. Aber es waren auch solche unter uns, die man als alte Männer empfand, auch ich gehörte, 24-jährig, zu ihnen. Und unsere Vergangenheit war leicht kenntlich an unserer Kleidung, die aus umgenähten Uniformstücken bestand.

Der Lehrbetrieb wurde wieder aufgenommen. Man vergesse alles, was man an Anheimelndem mit dem Begriff »Winter« verbindet, in jenen Wintern des Entbehrens war schon der Fußweg zum Seminargebäude eine Qual, millimeterschrittchenweise und frostbeulengequält in Schuhen, die nicht besohlt waren. Die Hörsäle ungeheizt, die Fenster glaslos und mit Pappkartons abgedichtet. Des Dozenten Worte mitzuschreiben erübrigte sich, man hatte kein Kollegpapier, empfand umso aufmerksamer jedes der *Verba magistri* als Offenbarung, wenn von den Dichtungen, den Musikstücken, den Bild-Kunstwerken die Rede war, die man uns vorenthalten, die man aus der Welt zu schaffen den schmählichen Versuch gemacht hatte.

Mit Vorsicht ging man allenthalben daran, das Alte zu entdecken, das nun das Neue war, ich meine mich zu erinnern, dass in den Konzertprogrammen das klassische Repertoire dominierte, dass das Entzücken an Mendelssohns Violinkonzert die Begeisterung für Mahler oder Schönberg und die Kompositionen der zweiten Wiener Schule überwog. Die Sensoren des sich neu entfaltenden Gemüts dankten die rauschhaften Erlebnisse der Musik und durch die Musik vor allem jenen Interpreten, die im damaligen Hamburg so etwas waren wie Hausgötter: Detlev Kraus und Ferry Gebhardt und Konrad Hansen am Piano, und das Stross-Quartett, und dann kam Kulenkampff mit seiner Violine, und die charmante französische Pianistin Monique Haas mit Ravels Klavierkonzert für die linke Hand.

Die Universität aber war gehalten, sich der Kontrolle durch einen britischen Aufseher zu fügen, er hieß »Universitätsoffizier« und war nach meiner Erinnerung ein Mann von liberaler Strenge, – ich verdanke ihm mit vier anderen Studenten die erste erregende Auslandsreise. Inwiefern die Wahl unter diesen fünfen auch mich traf, ist mir ein Rätsel geblieben, vielleicht hatte sie damit zu tun, dass ich in dem neu gegründeten Gremium der studentischen Mitverwaltung die Germanisten vertrat. Dieser hieß damals noch CA, »Centralausschuss«, und wurde dann gemäß dem Muster der anderen deutschen Universitäten zum »Asta«. Die Reise führte nach England, zu verdanken war sie der »Students Union« der Universität

Birmingham, die in schönster Tradition britischer Toleranz diese jungen deutschen Kommilitonen aus ihrer Einengung erlöste und sie das fern-nahe Land des ehemaligen Gegners in ersten Schritten erkennen ließ. (Eine Sensation schon die behagliche Fahrt im Dienstzug der Besatzungsmacht.) In diesen drei Wochen, die uns nach London und Oxford und vor allem natürlich Birmingham führten, nichts als liebenswürdige Freundlichkeit, aufs Wunderbarste eingeübt dank generationenlanger britischer Gesellschafts- und Geselligkeitskunst, und kein Wort der Abneigung, der Befremdung, des Misstrauens, gar des Hasses. Die Studenten von Birmingham haben uns fünf Hamburger Studenten etwas mitgegeben fürs Leben, das man vielleicht als moralische Vernunft bezeichnen kann.

Immerhin aber waren wir damals im Herbst 1948 nicht mehr so ausgehungert wie in den Jahren zuvor, als die »Schwedenspeisung« die ausgemergelten Studenten aufrichtete (unvergessen, dass mein Professor eines Tages seinen Blechteller nur zur Hälfte leerte, mir das andre Teil überließ, – und dann schnitt er mit der Papierschere eine Zigarette in zwei Teile und ehrte mich durch diese schenkend-entbehrenden Gesten höher als durch jedes andere Zeugnis ...). Erwähnung verdient neben der Schwedenspeisung auch das System einer Fütterung in der US-Zone, das sich verband mit dem Namen des ehemaligen US-Präsidenten Hoover, – und zum Verbum umgesetzt wurde: man »hooverte«. Auch muss eines Herbstes die amerikanische Maisernte übergroß gewesen sein, es brachten nämlich Frachtschiffe üppige Maismengen nach Deutschland, die, zu Brot gebacken, ein den leeren Mägen wohl nicht ungetrübtes Glück lieferten, jedenfalls ist mir die Kontrafaktur des wunderbaren Storm-Liedes (»Das macht, es hat die Nachtigall …«) in Erinnerung geblieben:

»Das macht, es hat das Brot von Mais
Die Mägen arg verdorben.
Drauf sind die Leute haufenweis
So Mann wie Weib so Kind wie Greis
Beinah daran gestorben …«

In diesem Zusammenhang verdient eine Erinnerung an Marburg Erwähnung. Es war wohl im Herbst 1947, dass der dortige US-Universitätsoffizier so etwas wie eine überregionale »Hochschulwoche« arrangierte. Es kamen Studenten aus mehreren deutschen Universitäten zusammen, sogar – exotisch wirkend – aus Berlin. Die Fahrt von Hamburg ins Hessische war eine Expedition, mehrfache Umsteigenotwendigkeiten streckten sie bis zur Länge fast eines ganzen Tages, das lag vor allem an den absurd umständlichen Grenzkontrollen beim Übergang von der britischen in die US-Besatzungszone. Wir hörten in Marburg Vorlesungen über manches interessante Thema, – aber es geschah Unvorhergesehenes: Der US-Gastgeber hatte als freundliche Geste um die Stunde der *Teatime* in einem Hörsaal *Doughnuts* auftischen lassen, – nicht ahnend, wie seine Gäste reagieren würden. Sie stürzten sich nämlich in rasendem Lauf aus ihren jeweiligen Hörsälen auf diese Herrlichkeiten, überrannten sich stoßend, fallend, nahezu prügelnd: Ein peinliches Spektakel, aus dem ich mich heraushielt, nicht aus Disziplin und Selbstachtung, sondern aus schierer Ungeschicklichkeit, die andern waren schneller und stärker. Es war nicht schäbige Gier, was zu diesem Wettkampf antrieb, – es war ganz einfach Hunger. Nach zwei Tagen wurde diese gastliche Speisung eingestellt, der Ordnung halber.

Vom Vergehen der Vergangenheit (Hamburg II)

Die Vergangenheit, sie lag hinter uns. Wir aber begriffen bald: Sie lag scheinbar hinter uns. In Wahrheit lag sie *auf* uns. Wie sie noch heute auf uns liegt. Aus dem wirren Ensemble, wie ich es nicht frei von ungewollter Willkür und Einseitigkeit zu schildern versucht habe, dringt schrill die Stimme, die zum *Basso continuo* in der Partitur meiner – und der vorausgehenden – Generation wurde: Wie hältst du's mit Hitler und den Seinen? Mit Hitler und seinen Deutschen, deren einer auch du warst, du bist?

Wieder versuche ich, mir der Vorläufigkeit jeder Antwort bewusst, sie zu geben mit Hilfe eines Erlebnisses, eines Vorgangs, dem man eine exemplarische Bedeutung zuzumessen nicht zögern darf. Es geht um die Anfänge eines so genannten Studienbetriebs an der Universität. Vor dem »Betrieb« oder dem Betreiben aber stand wieder ein Anfang. Stand die in all ihrer Kargheit feierliche Eröffnung, die eine Wiedereröffnung zu nennen als Zynismus gedeutet werden könnte. Und deren Inszenierung doch zeugte von der Hilflosigkeit, mit der eine Nation, eine Generation (oder zwei), eine bürgerliche und akademische Schicht sich dem stellte, was in ihrem Namen geschehen war, – und als Geschehen ein Vorgang, der Vergangenheit zu werden sich bis zum heutigen Tag (und über ihn hinaus) sich beharrlich weigert.

Kurz und nüchtern lief der Beschluss der britischen Militärregierung über den Presse-Ticker:

»Hamburg University will open on 6th November, and on 8th November lectures in philosophy, law, medicine and science will begin. Prof. Dr. Emil Wolff, is the new Rector.«

Und weiter: Zehntausend Studenten hätten sich beworben, dreitausend seien zugelassen worden. Die fragende Vermutung, welcher Programmatik sich die Eröffnungsrede des neuen Rektors wohl widmen würde, kann nicht fehlgehen. Ihr Thema: »Die Idee und die Aufgabe der Universität«.

»Es ist ein denkwürdiger Augenblick in der Geschichte der Universität Hamburg, in dem wir stehen, ein für die Hochschule in tiefem Sinne bedeutendes Ereignis, das wir festlich begehen.«

Ort und Zeit:
6. November 1945, Musikhalle am Karl-Muck-Platz. Die Ortswahl war nicht nur bedingt durch die Tatsache, dass von den noch oder wieder verwendbaren Räumen der kriegsgeschädigten Universität keiner geeignet war, das »Ereignis« auf »festliche« Weise zu begehen (und man kann sich einiger Verwunderung über den Begriff der »Festlichkeit« zu jener Stunde

der Armut, Dunkelheit, Kälte, Entbehrung und mannigfachen Ungewissheit nicht erwehren). Die Musikhalle nämlich, großmütige Stiftung des Hamburger Reeders Carl Laeisz, war der Ort gewesen, an dem vor damals 26, vor nunmehr 86 Jahren, am 10. Mai 1919, die Hamburgische Universität durch ihren Gründer, den Bürgermeister der Hansestadt Werner von Melle, eröffnet wurde. Die Inschrift aber lautet, steinern gemeißelt: DER FORSCHUNG. DER LEHRE. DER BILDUNG. Eine erhabene Trias, als Ideal und Postulat jener anderen durch die deutsche Bildungsgeschichte mäandernden nicht nachstehend, die sich dem SCHÖNEN GUTEN WAHREN weiht.

Das idealistisch-romantische, das moralische Moment, das die Humboldt'sche Gründungskonzeption bestimmte, eben das »Ideelle«, bildet das Grundmuster aller Reflexionen über unsre Hohen Schulen seit jenen frühen Tagen zu Anfang des 19. Jahrhunderts. Es grundiert auch noch die Eröffnungsrede des Hamburger Rektors zum Beginn jenes Neubeginns am 6. November 1945. Da erfuhr man denn aus berufenem Munde: Es habe die Hamburger Universität in

»den dunklen Jahren, durch die sie seit 1933 hat hindurchgehen müssen (…), allen Hemmungen und Schwierigkeiten zum Trotz, nicht etwa nur ein verkümmertes und seines echten Sinnes entleertes Leben gefristet. Viele ihre Mitglieder haben in der Stille an der ihr gesetzten Aufgabe wissenschaft-

*licher Forschung und Lehre weitergearbeitet, ohne
sich durch den Lärm des Tages stören oder durch
fanatische Irrlehren verblenden zu lassen.«*

Hatten die »vielen Mitglieder« recht getan, unberührt
vom Tageslärm und von Irrlehren »in der Stille« zu
verharren? Bange Frage. Weiterhin ist ausführlich die
Rede vom »eigenen Herd«, darin über jene dunkle
Zeit hin die Universität »die Glut gehegt« habe, treu
geblieben dem »Lichte der Erkenntnis und der Überzeugung von seiner reinigenden und zu höherem
Dasein emporführenden Kraft (...), und wir freuen
uns, wieder im Lichte zu wandeln ...« War das »Licht
der Erkenntnis« nicht hell genug gewesen, die furchtbare Wirklichkeit zu erkennen?

Das den Historiker zierende aufrichtige Bemühen,
ein Geschehen jeweils zu verstehen (und also auch ein
Wort) aus den Bedingungen seiner Zeit heraus, wird
einräumen, dass die Situation damals ein Wort der Ermutigung, des aufhelfenden Selbstbewusstseins nahe
legte. Doch will das Unbehagen nicht weichen, wenn
der neue Rektor zum Beginn der neuen Zeit, hin-
weisend auf die gewiss verzweiflungsvoll schwierige
Situation der Entscheidung des Gewissens inmitten des
Drucks von Brutalität und Willkür und der Lockung
des Opportunismus, – wenn er da hindeutet auf eine
vage mögliche »Rechtfertigung«, die sich auf einen
tiefen Vers eines der leidenschaftlichsten Verteidiger
der Freiheit und der unerbittlichsten Sittenrichter berufen kann, einen Vers Miltons:

»They also serve, who only stand and wait.«
(»Die dienen auch, die stehen nur und warten.«)

Es ist wahr, auch jene haben gedient in diesen zwölf Jahren, die nur standen und warteten, – aber es muss erlaubt sein zu fragen: Wem denn haben sie gedient ...?

Es deutet sich an, dass dieses Zitat nur begrenzt tauglich ist zur Rechtfertigung der »Stillen« an ihrem Herd. Denn der Redner enthält uns die Fundstelle vor. Und das lässt dem Philologen keine Ruhe, da seine Erkenntnisfähigkeit gebunden ist an die Korrelation von Text und Kontext. Da erweist sich denn: Es handelt sich um das Sonett *On his Blindness*, darin John Milton seine nahende Erblindung voraussieht (wohl um 1650). Milton bezieht sich auf das frühchristliche Bild der Hierarchie der Engel des Ps.-Dionysios (Areopagites, 5./6. Jh.). Die einen sind auf Gottes Ordre hin lebhaft geschäftig tätig zwischen Himmel und Erde. Die andern aber »stehen und warten« um Gottes Thron und harren des göttlichen Winks. Um Engel im Dienst des Höchsten also handelt es sich. (Diejenigen aber, die Luzifer nachgelaufen sind, die schmoren, wie man im *Paradise Lost* erfahren kann, in der Hölle.)

Mit nur zögernden und also unzulänglichen Überlegungen und Worten versuche ich den Umstand zu erklären, vielleicht zu rechtfertigen, dass wir damals den mich heute erschreckenden Subtext dieser Aussage, dieses Zitates nicht zur Kenntnis genommen haben. Denn dieses »They also serve«, das Miltons dienstbereite Engel im Wartestand meint, will doch hier anderes nicht als die Entschuldung der Lauen, der Mitläufer, derer, die alles hingenommen haben, als sie da »standen«, und dieses Stehen gar noch als »Dienst« empfanden. Sie haben geschehen lassen halb offenen Auges, und halb offenen Ohres. Es wäre zu viel verlangt von der gebrechlichen Einrichtung des Menschen, er müsse immer und zum rechten Augenblick das Richtige und Gute tun. Aber nicht zu viel verlangt möge die Forderung an ihn sein, das Böse, dessen er gewahr wird, nach besten Kräften zu verhindern. Und eben aus diesem Grunde verlassen wir sie noch nicht, die »dunklen Jahre«; und jene, die »standen und warteten«, – und die andern. Ich zitiere Barbara Vogel, *75 Jahre Universität Hamburg*:

»Durch das so genannte Gesetz zur Wiederherstellung des Berufsbeamtentums vom 7. April 1933 scheinlegitimiert, wurden als Erstes, schon zum Sommersemester 1933, ›nichtarische‹ und demokratische Professoren sowie andere Lehrkörpermitglieder aus dem Dienst entlassen. Die Universität nahm diese Unrechtsmaßnahme schweigend hin. Über vierzig Kollegen und Kolleginnen wurden im Laufe des Jahres entlassen, das machte 16 Prozent des Lehrkörpers aus, insgesamt wurden mehr als sechzig verjagt. Viele von ihnen gingen ins Exil, einige wurden Opfer des Völkermords.«

Ich zitiere aus dem Protokoll der Senatssitzung vom 28. Juli 1933:

>*Der Rektor berichtet über weitere Auswirkungen des Gesetzes zur Wiederherstellung des Berufsbeamtentums. Die Landesunterrichtsbehörde hat beim hamburgischen Senat beantragt, die Entlassung von Professor Dr. Cassirer gemäß § 3 des Berufsbeamtengesetzes herbeizuführen. Ferner habe sie beantragt, den ... [folgen neun Namen von Professoren und Dozenten] die Lehrbefugnis zu entziehen ... Der Rektor wirft sodann die Frage auf, wie die Universität sich gegenüber den von dem Berufsbeamtengesetz betroffenen Dozenten [Kollegen werden sie hier nicht mehr genannt ...] bei ihrem Ausscheiden verhalten solle.«*

Solches bedenkend, hoffe ich mit verzweifeltem Mut, es möchte meine Generation unter vergleichbaren Umständen sich würdiger bewährt und nicht »stehend und wartend« durch Schweigen, *im* Schweigen solches Unrecht hingenommen haben ...

Dem nüchternen Resümee Barbara Vogels ist nichts hinzuzufügen:

>*Weder personell noch programmatisch ist 1945 ein bewusster Neuanfang zu verzeichnen.«*

Der »Deutsche der älteren Generation gehört geschichtlich gesehen zu den Versagern« (Alfred Weber).

Es ist ein Ehrentitel der Universität Hamburg, dass sie, spät zwar, aber nicht zu spät, sich ihres Versagens in jenen zwölf Jahren entsann und es nicht nur nicht verschwieg und verdrängte wie andere, stolz mit ihrem Alter und ihrer humanen Tradition prunkende Hochschulen, sondern ihre Schuld dokumentierte und damit annahm: Verdienst auch des damaligen Präsidenten Peter Fischer-Appelt und des Herausgebers der gewichtigen dreibändigen Dokumentation und Chronik *Hochschulalltag im »Dritten Reich«* (Berlin und Hamburg 1991), Eckart Krause. »Dieses Buch bedarf keiner Rechtfertigung«, so setzt Krauses Einleitung ein. Vielmehr hätte es einer – freilich hilflosen – Rechtfertigung bedurft, dieses Buch nicht zu schreiben, dessen Text die Geschichte vorgeschrieben hatte. Gewidmet den entrechteten, gefolterten, inhaftierten, vertriebenen und ermordeten Mitgliedern der Universität und damit auch den vier Toten der Hamburger »Weißen Rose«, des Seitentriebs der Münchner Bewegung, wie sie mit dem Namen der Geschwister Scholl verbunden ist: Hans Leipelt – Reinhold Meyer – Margaretha Rothe – Friedrich Geussenheiner. Die Alten glaubten, dass ein Toter so lange weiterlebe, als die Lebenden seinen Namen nicht vergäßen. »Ein historisches Werk wie dieses bezieht seine Wahrheit aus dem Versuch, den leidenden Individuen in der Geschichte der menschlichen Gesellschaft die ihnen geschuldete Solidarität zu erweisen« (Fischer-Appelt).

FORSCHUNG – LEHRE – BILDUNG (HAMBURG III)

Ich will nicht vorbeigehen an der bekenntnishaften Inschrift über dem Portal des Hauptgebäudes der Universität. Die Trias will ja nicht ein beliebig addiertes Nebeneinander von drei hehren Begriffen evozieren. Sie meint allemal eine organische Gemeinsamkeit, ja Einheit. Sie meint auch einen Prozess, – dergestalt, dass das Ineinander, das Miteinander, der Verbund von *Forschung* und *Lehre* gewissermaßen gesetzmäßig auf das Resultat der *Bildung* hinarbeite.

Es würde sich lohnen, die Weihinschriften über den Portalen der deutschen Universitäten zu sammeln und vergleichend zu deuten. Von dem Johanneischen *Die Wahrheit wird Euch frei machen* (Freiburg) bis zu Gundolfs *Dem lebendigen Geiste* (Heidelberg). Proklamation und Postulat. Ihre ständig erneuerte Aktualität legt es nahe, diesen Maximen hier einige Überlegungen zu widmen.

Um es schlicht vorwegzunehmen: Die immer wieder so lauthals wie hilflos geforderte *Einheit von Forschung und Lehre* ist zu einer Chimäre geworden, zu einer gefälligen Phrase, die man auch eine (Selbst-) Täuschung nennen kann. Denn in der geistigen Situation ihrer Zeit war für Humboldt und die Seinen die Überzeugung leitend, dass die Teilhabe an der Forschung, dass die Eroberung eines Stückchens wissenschaftlichen Neulandes, dass die Entdeckung eines bisher nicht bedachten, nicht gedachten Teilchens des zu erforschenden Materials ein Akt auch der Menschenbildung sei, der Charaktererziehung. In solchem Sinne galt Humboldt »die Wissenschaft als etwas noch nicht ganz Gefundenes und nie ganz Aufzufindendes«.

Und eben diese Suche nach dem endgültig nie zu Findenden aber beharrlich zu Erstrebenden war die Energie, die gemäß solcher Überzeugung den Menschen formte, aus der rohen Natur die gebildete machte. Teilhabe an der Forschung als Teil der Lehre, – man darf den Vorgang auch schlicht als die Suche nach Wahrheit bezeichnen. Jener reinen Wahrheit, die gemäß der berühmten Lessing'schen *Duplik* von 1778 *ja doch nur* für Gott allein reserviert ist, wohingegen dem Menschen der »einzige(n) immer rege(n) Trieb nach Wahrheit (...) mit dem Zusatze«, sich »immer und ewig zu irren«, zubestimmt ist. (Man kann allerdings der Meinung sein, dass von letzterer Lizenz auf unseren Bildungsanstalten heute allzu freigebig Gebrauch gemacht wird.) Solche erhabene Vorstellung mag die Chance ihrer Verwirklichung gehabt haben in jenen Jahrzehnten, als die Zahl der Studenten an einer Universität einige Hundert betrug, belehrt von einigen Dutzend Professoren. Als mein Großvater studierte, da hatte (1885/86) die Universität meiner Heimatstadt Kiel 447 Studenten und 55 ordentliche Professoren. Zum gleichen Semester sind an der Universität Bonn insgesamt wenig mehr als 1000 Studenten inskribiert, an der Tübinger wenig mehr als 1200. Die Zahlenrelation von Studenten zu Professoren betrug in Kiel eins zu acht, in Bonn eins zu dreizehn, in Tübingen eins zu neunzehn.

Es mag genügen, dagegen die Zahl der heute (2005) an den deutschen Universitäten Studierenden zu setzen: über zwei Millionen. Wer die Verhältnisse an unseren Universitäten heute kennt, weiß, dass die Behauptung Aberwitz genannt werden muss, es hätten die Studenten in einem geisteswissenschaftlichen Seminar, in einem technischen Institut, in einem naturwissenschaftlichen Labor oder Hörsaal tätigen Anteil an der Forschung. Sie lernen; lernen mit unterschiedlichem Erfolg mit Hilfe eines Readers, mit Hilfe von Skripten, Lehrbüchern, Kompendien und Repetitorien. »Humboldt« ist degeneriert zur gängigen Formel, missbraucht zur hilflosen Legitimation einer Institution, die doch der kulturgeschichtlichen Autorisierung nicht mehr bedarf, da sie heute anderes nicht ist als ein Zulieferbetrieb für die praktischen Bedürfnisse der arbeitsteiligen Industriegesellschaft. In der Tat scheint es, als stünden wir heute auf dem vor-Humboldt'schen Boden des *Preußischen Landrechts* von 1794, darin die sachliche Bestimmung zu lesen ist, es seien die Universitäten »Veranstaltungen des Staates, bestimmt für den Unterricht der Jugend in nützlichen Kenntnissen und Wissenschaften«.

Ein Befund, der sich bestätigt auch bei Betracht der anderen erhabenen, das Wesen der Bildung charakterisierenden Doktrin Humboldts. Neben dem noblen Paar *Forschung und Lehre* steht das andere: *Einsamkeit und Freiheit*. Begriffe, die unter dem Anschein des Selbstverständlichen sich leicht näherer Betrachtung entziehen. Sie zu verstehen aus ihrem Kontext, bedarf es eines Blicks auf Humboldt, dessen Person zur Schablone und dessen Werk zur leeren Behauptung zu degenerieren drohen.

Humboldts »Universitätsidee ist alles andere als klar« (Ludwig von Friedeburg). Deutlich hingegen ist die Pragmatik seiner auf die Heranziehung der Besten hinarbeitenden Berufungspolitik. So berief er an die Berliner Universität den Klassischen Philologen Wolf, berief Fichte und Schleiermacher, Savigny, Klaproth, Wolfs Schüler August Böckh, von der Hagen, Niebuhr und viele andere Gelehrte, die ruhmvoll die Wissenschaftsgeschichte ihres Faches schmücken.

Humboldts praktisches Verfahren zeichnete sich durch einen höheren Grad von Klarheit aus als die ihm zugrunde liegende Idee. Es gibt eine einzige ihr im engeren Sinne geltende Programmschrift, und sie ist unvollendet: *Über die innere und äußere Organisation der höheren wissenschaftlichen Anstalten in Preußen*, entstanden 1809 oder 1810. Als wichtiger mögen uns gelten sein *Königsberger Schulplan* und sein *Litauischer Schulplan*. Dort liest man:

»Der Universität ist vorbehalten, was nur der Mensch durch und in sich selbst finden kann, die Einsicht in die reine Wissenschaft. Zu diesem Selbstaktus im eigentlichen Verstande ist notwendig Freiheit und hülfreich Einsamkeit. Und aus diesen beiden Punkten fließt zugleich die ganze äußere Organisation der Universitäten.«

Eine Überzeugung, die man nicht zur Kenntnis nehmen kann, ohne von ihr angerührt zu sein. Der Mensch erreicht durch einen »Selbstakt« die Einsicht in die reine Wissenschaft. Der Ort dafür ist die Universität, und als Vorbedingung ist *notwendig*: Freiheit; und *hilfreich*: Einsamkeit. Der Rest, nämlich die äußere Organisation der Universität, ergibt sich dann von selbst ...

Es wäre eine schale Frivolität, wollte man Humboldt heute eine Todeserklärung ausstellen. Er ist nicht tot, er ist nur aufgehoben insofern, als seine Postulate entweder zur Selbstverständlichkeit wurden oder durch die spezifische Entwicklung der Wissenschaft fragwürdig:

Die (einerseits) für alles geistige Tun wie denn überhaupt die moralische Existenz des Bürgers unentbehrliche *Freiheit* garantiert der Artikel 5 III des Grundgesetzes. Was indes (andererseits) das alttradierte mönchische Ideal der erkenntnisfördernden *Einsamkeit* angeht, so steht ihr heute das Prinzip der Interdisziplinarität, des osmotischen Charakters aller wissenschaftlichen Tätigkeiten entgegen sowie die praktische Notwendigkeit des Teamworks in einer diversifizierten Forschungslandschaft.

Was endlich das der Einsamkeit und Freiheit anvertraute Ensemble von *Forschung und Lehre* angeht, die idealistische Vorstellung von der charakterbildenden Macht des forschenden Geistes (die im Begriff der angelsächsischen *education* nach wie vor eine vorwaltende Bedeutung hat), so gebührt jenen Wissenschaftlern höchste Achtung, die wir getrost auch künftig mit dem ehrwürdigen Begriff des Gelehrten ehren wollen und die als *Lehrer* nicht behindert, sondern beflügelt werden von den Früchten ihrer Forschung, als *Forscher* stimuliert von der Aussicht, das Erkundete den dankbaren Schülern weitervermitteln zu können. Sie verdienen jede Förderung und Beachtung, also Achtung. Aber die große Menge der Professoren wird weiterhin oder künftig ihre Verdienste oder Meriten im Unterricht sammeln müssen, denn unsere Universitäten sind unter dem Gesetz gesellschaftlich-wirtschaftlicher Entwicklung längst allesamt geworden, womit gleichgestellt zu werden sie sich so lange zierlich gesträubt haben: Fachhochschulen. Und ihr Ziel, zumindest ihr Resultat ist nicht die Bildung, sondern die berufsbezogene Ausbildung.

Die Universität sollte sich einen Ausweg suchen aus diesem Dilemma, der vielleicht sogar ein Weg ist, und sich nicht scheuen vor dem dualen System, nämlich eines hier der praktischen Unterweisung dienenden Fundaments und eines dort der (auch lehrenden!) Forschung dienenden Oberbaus für die wenigen, die für die aparte Exzentrizität einer Gelehrtenexistenz und ihrer Forderung ausgestattet sind.

So nehmen wir denn Abschied von jenem Bilde des deutschen Professors, das uns Jacob Grimm schenkt in seinem Vortrag *Über Schule, Universität, Akademie* vom 8. November des Jahres 1849 vor der Preußischen Akademie der Wissenschaften zu Berlin:

> *»aller andern lust vergessend sitzt der deutsche gelehrte froh über seiner arbeit, dasz ihm die augen sich röthen und die knie schlottern; dem student ist dieselbe weise wie angeboren und es bedarf für ihn keines andern antriebs.«*

Vom Undeutschen im deutschen Geist (Hamburg IV)

W ir hatten gebauet ein stattliches Haus ...« Das Bauwerk »Haus« dient von je als Behausung metaphorischer, symbolischer Gedanklichkeit. Der Rektor Emil Wolff mag – dieses Wort zitierend – damals das eine wie das andere wie das dritte vor Augen gehabt haben: das zerstörte Haus der Hamburger Universität. Das zerstörte Haus der deutschen Universität insgesamt. Das zerstörte Haus von Heimat, Staat, Nation. Der von ihm melancholisch alludierte Gesang freilich wird ihm so vertraut gewesen sein, wie er seinen Hörern fremd war. Es geziemt sich, die Verse nach philologischem Brauch in ihren Kontext zu stellen. Ihr Dichter war August (Freiherr von) Binzer, geboren in Kiel 1793, Jurist und Burschenschafter. Er schrieb seine nach der getragenen Weise des vaterländischen Gesangs *Ich hab mich ergeben ...* zu singenden Verse 1819 ins »Stammbuch aller Burschen, die auf der Wartburg bei Eisenach die Kirchenverbesserung durch Luther und die Leipziger Schlacht am 18. des Siegmondes 1817 gefeiert haben«.

Der Siegmond (nämlich der Oktober) 1817 erwies sich als der Beginn einer peinlichen Niederlage. Das

Fest entglitt der Regie seiner Veranstalter und endete am Abend des 18. mit dem Spektakel einer öffentlichen Verbrennung von Büchern. Im Verein mit ihnen wurden den Flammen überdies ein Schnürleib (also Korsett), ein Haarzopf und ein Korporalstock als die verhassten Embleme und Attribute reaktionär-militärischer Gesinnung überantwortet.

Zu den vorbereitenden Arrangeuren der Feier gehörte auch der Erlanger Student Karl Ludwig Sand. Zwei Jahre später ermordete er in Mannheim den populären Dramatiker und angeblichen zaristischen Agenten August von Kotzebue. Die Folge waren die *Karlsbader Beschlüsse*, war die so genannte Demagogenverfolgung, – freiheitlichen Geist knebelnde Maßnahmen, die auch das Verbot der Burschenschaften einbegriffen. Ihnen stimmte mit seinem Liede vom einst so stattlichen Haus August Binzer den trotzig-sentimentalen Abgesang an.

Das Wartburgfest war vom Großherzog Carl August protegiert, von seinem Minister Goethe anfangs mit jovialer Reserve bedacht worden. Die Folgen des Flammenbrandes aber waren beträchtlich. So Goethe in einem Brief an Zelter vom 16. Dezember 1817:

»*Auf diese unschuldige Weise, halte ich mich im Stillen, und lasse den garstigen Wartburger Feuerstank verdunsten, den ganz Deutschland übel empfindet, indes er bei uns schon verraucht wäre, wenn er nicht bei Nord-Ost-Wind wieder zurückschlüge, und uns zum zweiten mal beizte.*«

Zurückschlüge bei Nord-Ost-Wind: Das meint die vehementen Reaktionen hochpolitischer Art aus Preußen, aus Russland, aus Österreich. Metternich zog die Konsequenzen nach seiner Art. Die Geschichte der deutschen Universitäten wurde auf Jahrzehnte von ihnen bestimmt.

Solches in Erinnerung rufend, denken wir an das widerwärtige Schauspiel der reichsweiten Bücherverbrennung der Nationalsozialisten am 10. Mai 1933 (Hamburg, ein wenig bedächtig, folgte fünf Tage später). Und gedenken des schmerzlichen Heine-Wortes, dem gemäß man, wo man Bücher verbrenne, auch Menschen verbrennt. Man erschrickt angesichts der fatalen Motivierung des einen wie des anderen Feuers, wie sie sich ausdrückt in der Formel von der »undeutschen Gesinnung«. Gemäß einem zeitgenössischen Bericht vom Wartburgereignis erfahren wir:

> *Als die inkriminierten Titel den verzehrenden Flammen übergeben wurden, stimmte die versammelte Menge jubelnd ein, wenn auch bloß des neuen Schauspiels und der Strafe undeutscher Gesinnungen wegen, da der größte Theil der Bücher ihr selbst unbekannt sein mochte.«*

»Strafe undeutscher Gesinnung wegen«. Wie sich die Bilder gleichen. So hörte man es aus dem Munde des Ministers Dr. Joseph Goebbels bei der »Verbrennung undeutschen Schrifttums« vom 10. Mai 1933:

»Deutsche Männer und Frauen! Das Zeitalter eines überspitzten jüdischen Intellektualismus ist nun zu Ende, und der Durchbruch der deutschen Revolution hat auch dem deutschen Wesen wieder die Gasse freigemacht ...«

So hängt denn alles mit allem auf eine beklemmende Weise zusammen. Der sentimentale Chorgesang vom stattlichen Haus (darin man »Gott vertrauet trotz Wetter, Sturm und Graus«, und das zerbrochen wurde durch »Trug und Verrat«); die Bücher verbrennenden Flammen; die Brandmarkung des undeutschen Geistes.

Es meldet sich die gespenstische Vorstellung von einer deutschen Kontinuität, die Feuerbrände wirft, wo undeutscher Geist ausgemacht wird ... oder überhaupt ›Undeutsches‹. Und der Verdacht, es nähre der deutsche Geist auch eine unselige Neigung, just das als undeutsch zu empfinden, was, recht betrachtet, ein Element seiner Würde und Bedeutung ausmacht.

Vielleicht, dass der neue Rektor der neuen Zeit doch besser getan hätte, in Hamburg anstelle des burschenschaftlichen Gesangs an jenem Tag des Jahres 1946 die *Klagelieder Jeremiae* anzustimmen, wo es in Luthers Deutsch heißt (und deren damalige Aktualität noch heute beklemmend anrührt):

»Wie liegt die Stadt so verlassen, die voll Volks war (...). Sie weint des Nachts, dass ihr die Tränen über die Backen laufen (...). Alle Tore der Stadt

stehen öde (...). Denn der Herr hat über die Stadt Jammer gebracht um ihrer großen Sünden willen, und ihre Kinder sind gefangen vor dem Feind dahingezogen (...). Alles Volk seufzt und geht nach Brot, es gibt seine Kleinode um Speise, um sein Leben zu erhalten. ER hat ein Feuer aus der Höhe in meine Gebeine gesandt und lässt es wüten; (...). ER hat mich zur Wüste gemacht, dass ich für immer siech bin. Schwer ist das Joch meiner Sünden (...). Meine Jungfrauen und Jünglinge sind in die Gefangenschaft gegangen. Es lagen in den Gassen auf der Erde Knaben und Alte; meine Jungfrauen und Jünglinge sind durchs Schwert gefallen. Man jagte uns, dass wir auf unsern Gassen nicht gehen konnten (...). Bringe uns, Herr, zu dir zurück, dass wir wieder heimkommen; erneue unsere Tage wie vor alters!« (Aus den Klageliedern Jeremiae, 1., 2., 4. und 5. Kapitel)

Gleichwohl war die Hamburger Universität auch Schauplatz tatsächlicher Neuanfänge, die sich auf unterschiedlichen Gebieten vollzogen. So erhielten am 23. April 1946 zwei junge Männer – der eine 1914, der andere 1919 geboren – in Hamburg die Lizenz Nr. 34 zur »Herausgabe der Zeitschrift genannt *Hamburger Akademische Rundschau*«: Joachim Heitmann und Karl-Ludwig Schneider. Der eine Verleger, der andere verantwortlicher Redakteur.

Der Redakteur bewies seine Verantwortlichkeit, indem er sich bald multiplizierte zu einem Redaktionsstab: Es traten als sein ständiger Vertreter Hans-Joachim Lang hinzu, und als Dritter und akademische Autorität der Dozent der Romanistik und Direktor der Staats- und Universitätsbibliothek Dr. Hermann Tiemann. Um sie bildete sich ein Kreis einerseits redaktioneller und anderseits ständiger Mitarbeiter, unter ihnen die Studenten Ralf Dahrendorf und Walter Boehlich.

Ein staunenswertes Ereignis, – damals freilich wohl weniger Staunen auslösend als heute bei der Betrachtung aus dem Abstand der Jahre.

Da machen sich ein paar junge Leute daran, mit Hilfe von Papier und Druckerschwärze als Trümmer-Männer zu arbeiten. Die Trümmer eines einst stattlichen Hauses abzuräumen und es nicht etwa wieder zu errichten, sondern die Fundamente für ein neues zu planen, zu legen. »Dozenten und Studenten« sollten in schöner Einigkeit, – so Schneider in seiner Rede anlässlich der Lizenz-Verleihung – »über den eigentlichen Lehrbetrieb hinaus Gelegenheit haben, gemeinsam an der Klärung und Lösung der geistigen und praktischen Probleme unserer Zeit zu arbeiten«.

Man darf bei aller Reserve gegenüber verallgemeinerndem Urteil heute aus dem Abstand der Jahre, Jahrzehnte behaupten: Was sich in der Universität Hamburg regte an geistiger Aktivität und Streben nach *Klärung der Ideen*, – das spielte sich im Wesentlichen ab in diesen grauen Blättern und ihren grauen Zellen. Und durchaus nicht immer zur zustimmenden Freude der Studenten und Dozenten, durchaus nicht im beharrlich-behaglichen Konsens mit ihnen, und nicht die durchaus willkommene Unruhe der Kritik war es, die schließlich zur Resignation zwang, sondern schlimmer: die Ruhe der Gleichgültigkeit.

Die drei Jahrgänge der *Hamburger Akademischen Rundschau* von 1946/47 bis 1949/50 sind in der Tat nicht mehr und nicht weniger als ein historisches Dokument. Sind ein bedeutendes Zeugnis für die geistige Situation einer geschichtlichen Phase, die der Historiker Reinhart Koselleck vielleicht mit dem Bilde der *Sattelzeit* belegen würde: Epoche des Abwerfens von Gewesenem, das versagte; der Klärung und Neuprägung von Begriffen; des Entwurfs und der Planung; der Vorbereitung von Handlung. Die Zeit, die noch das Reiten nicht erlaubt, wohl aber das Aufzäumen und Satteln.

Drei Jahrgänge, die nicht mehr sind und nicht weniger als ein Schatz- und Beinhaus ihrer Zeit, sagen wir getrost: ihrer Epoche. Die das Bewahrenswerte der Tradition im Reich des Geistes, wie sie von den braunen zwölf Jahren brutal unterbrochen worden war, neu aufnehmen wollen: Repräsentiert etwa durch Namen wie Reinhold Schneider und Hermann Hesse und Rudolf Alexander Schröder und Werner Bergengruen und Ricarda Huch. »Besinnung« also, auch wo das heikle Wort vermieden wird, und Humanismus und Christentum, – aber auch das andere: Die bildende Kunst, vor allem der Expressionismus, die uns damals in der »Wegbereiter«-Ausstellung die Augen öffnete und Sinne verwirrte. Und inmitten alles Versuchens der Aneignung des alten-neuen Literarischen: die Politik. Ob es um Kafka ging, um Thomas Mann oder Goethe oder Ernst Jünger oder die »Weiße Rose«, – oder den Kunsthistoriker A. E. Brinckmann, den – wie auch Pinder – Boehlich auf das Maß ihrer selbst zurückführte in brillanten Artikeln und Repliken. Oder um das Generationenproblem, das des Antisemitismus oder der Emigration.

Es bleibt ein großes Staunen: über zwei junge Studenten der Philologie, Germanist der eine und Anglist der andere, in der Mitte ihrer Zwanziger stehend, und bisher geprägt von der dumpfen Meinungsknebelung einer Diktatur, von Krieg und Terror, und täglicher-nächtlicher Bedrohung des Lebens ausgesetzt über Jahre, – Staunen über zwei junge Leute und ihre im etwa gleichen Alter stehenden mitarbeitenden Freunde (darunter, auffallend genug, keine Frauen), die nun antreten und nicht gerade ausdrücklich ihr Jahrhundert in die Schranken fordern, aber doch beinahe. Und auch ich habe mich am Rande mit drei Artikeln beteiligt an jenem Unternehmen, das mittlerweile in einem vier Bände umfassenden Neudruck von 1991 vorliegt: herausgegeben von Andrea Bottin und erschienen im Dietrich Reimer Verlag. (Übrigens wurden beide Professor: Schneider als Germanist in Hamburg, Lang als Anglist in Tübingen.)

Auch ich war ein
nicht wissender PG

Was endlich mein Verhältnis zum Nationalsozialismus und der ihn repräsentierenden Partei angeht, so ist von einem Nachspiel zu berichten, so unglaubwürdig wie grotesk, und so bizarr, wie nur das Leben es zu inszenieren vermag.

In meinem 81. Lebensjahr, ein halbes Jahrhundert, nachdem das Dritte Reich in Pest und Schwefel untergegangen war, wurde ich Mitglied der NSDAP. Mit der Mitgliedsnummer 7747334. Und das kam so:

Das »Reichsjugendgesetz« hatte auch mich zum Hitlerjungen gemacht. Als solcher taugte ich nicht, wurde »rausgeworfen« von einer Einheit zur nächsten und verlor das Recht zum Tragen des schwarzen Halstuches, eine sichtbare Schande. Davon war schon die Rede.

Bis eines Tages mein Vorgesetzter (»Scharführer«, mit grüner Schnur) mir eröffnete, er wolle mich zum Eintritt in die Partei vorschlagen. Das leuchtete mir ein, denn er wollte mich loswerden, – und ich ihn. Erinnern kann ich mich an eine Zustimmung meinerseits nicht, aber es will mir nicht als erlaubt erscheinen, hier ein Versehen, einen Irrtum verantwortlich zu

machen. Mir war diese geplante Transaktion unendlich gleichgültig, und ich nahm sie schwerlich ernst.
Denn ich wusste: In wenigen Monate würde ich das
Abitur machen und anschließend eingezogen und in
den Krieg kommandiert werden. Da verflüchtigte sich
der Gedanke an die »Partei« in nebelhafte Unwirklichkeit.

Dennoch weiß ich im Hernach, dass ich nicht
»richtig« gehandelt habe. Zwar war mir die Dimension der völkermordenden Verbrechen dieses Regimes
nicht einmal ahnungsweise deutlich. Wohl aber wusste
ich, dass ein »PG«, ein Parteigenosse also, eine dubio-
se Figur war, in allem Ernst nicht ganz ernst zu nehmen.

Dennoch: Niemals hat ein Funktionär mir oder
meiner Familie meine Aufnahme in die Partei mitgeteilt. Niemals habe ich einen Mitgliedsausweis erhalten; und ebenso wenig die Kenntnis einer Mitgliedsnummer. Dabei wäre es ein Leichtes gewesen, mich
oder die meinen zu erreichen.

Erst mit Aushändigung des Ausweises wurde die
Mitgliedschaft faktisch vollzogen, – wie ich heute zu
wissen meine. Damals hatte ich andere Sorgen.

So habe ich denn unberührten Gewissens im Juli
1945 den Fragebogen der britischen Militärregierung
in Hamburg brav ausgefüllt und die Frage nach einer
Mitgliedschaft in der Partei schlicht verneint.

Hier ist der Punkt berührt, der bei dem Versuch,
die eigene Biographie zu beschreiben und auszumes-
sen, die Feder und den Gedanken zögern, ja erstarren

lässt. Es handelt sich um die Rotation der kleinen Rädchen in dem großen Organismus, die sich im Hernach auf eine das Gemüt verwirrende, das Denken irreführende Art und Weise entdecken und die Verantwortung tragen für eine lebensbestimmende Weichenstellung. Man hat eine Straßenbahn verpasst und kam zu spät. Hat den anderen Zug genommen, das andere Flugzeug. Ist einer Verabredung ausgewichen; hat sich zu einer anderen widerstrebend aufgemacht. Hat sich im Theater, im Kolleg, bei einem Empfang einem Menschen genähert, – oder ihn gemieden. Hat auf solche ungelenkt-gelenkte Weise scheinbar beiläufige Kleinigkeiten, hat Bagatellen und Komparsen zu Spielleitern gemacht, hat ein Klingelzeichen, einen plötzlichen Aufbruch, eine unvermutete Unpässlichkeit zu Herren ernannt über das eigene Schicksal. Und so wurde man im Verbund mit Menschen und Dingen, mit Beruf und Familie das Produkt – wenn nicht des Zufalls, so doch der unerkannten Unwägbarkeiten und fremdbestimmten Ereignisse, die aus Nichtigkeiten persönliche Geschichte machten.

Gedankenlastige Erwägungen, die mich zurückbringen zum Jahre 1945, zum Fragebogen der britischen Militärregierung. Den ich nicht gefälscht, wohl aber falsch ausgefüllt habe. Nun das verborgene Rad im Daseinsuhrwerk: Hätte ich mich als PG bezeichnet, wäre ich nicht zugelassen worden zum Studium an der Hamburger Universität im Sommersemester 1946. Hätte also – wenn überhaupt – erst später studieren können, vielleicht ein anderes Fach gewählt,

vielleicht gänzlich mich von der Universität abge-
wandt. Und wäre ein anderer geworden: mit einem
anderen Lebenslauf unter anderen Sternen.

So wüsste ich denn gerne – nicht eben »für mein
Leben gern«, aber doch gerne –, wer wann in eine
Parteikartei eine Mitgliedsnummer hineingeschrie-
ben, – und versäumt hat, mich von dem Vorgang in
Kenntnis zu setzen.

Das Versäumnis des Jahres 1940 wurde im Jahre
2003 nachgeholt. Da spielte es nicht mehr Schicksal.

Die Sache wühlte vieles auf, nie war ich so »promi-
nent« wie in den Wochen nach dieser demaskierenden
Eröffnung, Rundfunk und Fernsehen machten sie sich
zu Eigen nach ihrer Weise, und viele Briefe und Leser-
briefe bekundeten ermutigend Verständnis und ähnliche Erfahrungen, andere nahmen den Anlass wahr
zu Verdächtigung und Beschimpfung. Peinlich auch
einiger Beifall von der »falschen Seite«, so erklärte mir
am Telefon ein Historiker selben Jahrgangs, er habe
nie einer Parteigliederung angehört; nach dieser de-
nunziatorischen Öffentlichmachung aber würde er
heute, wäre es möglich, in die Partei eintreten … Eine
Hilfestellung, für die ich mit dem Hinweis auf einen
gewissen Mangel an logischer Evidenz danken musste.

Walter Jens aber, dem Berühmten, den ich kannte
und kenne als einen Freund und Mann von unbezwei-
felbarer Redlichkeit, wurde übel mitgespielt. Und
wieder einmal begriff man, wie schwer es ist, sich der
vorausgehenden oder der folgenden Generation verständlich zu machen. Jens billigte man nicht zu, was

die Nation insgesamt sich doch um des Überlebens willen längst zugebilligt hatte: Die notwendige Möglichkeit des Vergessenkönnens, ohne die nichts Neues entstehen kann.

Nachwort:
Das *Internationale Germanistenlexikon 1800–1950* notiert in Bd. 3, S. 1984 unter meinem Namen zu »Lebensumstände«: »In der Mitgliederkartei der NSDAP verzeichnet (1940). Anhaltspunkte für die Aushändigung der Mitgliedskarte, die konstitutiv für die Mitgliedschaft wäre (§ 3 Abs. 3 Satzung NSDAP), bestehen jedoch nicht: nach Aussage von P. W. ist ihm eine Mitgliedskarte niemals ausgehändigt worden.«

GERMANIST: WARUM EINER ES WURDE UND WIE

Ursprünglich, mein schon erwähntes Reifezeugnis belegt es, hatte ich Jura studieren wollen. Mit Jura nämlich, so sagten die Verwandten, und so wussten es betulich ältere Freunde, mit Jura könne man später alles machen. Was das heißen sollte: »alles«, blieb unklar. Klar hingegen war, was »später« meinte. Vorerst war ein Krieg zu gewinnen. Hier wies die Kalkulation einen ersten Fehler auf. Als er dann verloren war, stand ich im 23. Lebensjahr. Und meinte, keine Zeit mehr versäumen zu dürfen und seriös fortsetzen zu müssen, was ich eher spielerisch begonnen hatte.

Bevor ich nun zum Eigentlichen, zu »meinem« Fach und »meinem« Lehrer komme, sei der Um- und Nebenwege gedacht. Germanistik ist ja ein weites, ein allzu weites Feld. Auf seinen Umfang haben früh schon die Prüfungsordnungen Rücksicht genommen und dieser Disziplin den Rang eines »Doppelfachs« verliehen. Das hieß Aufteilung in die »Alte« und in die »Neue Germanistik«. Ein äußerliches Moment. Vor allem aber in den letzten Jahrzehnten haben sich Materie und Methode, hat sich die Auffassung des

Faches von Grund auf geändert, also sein so genanntes Selbstverständnis, und zum Erlernen des Faktischen kam fordernd und einschüchternd die Theorie hinzu, – die bald üppig ausuferte zu Spekulation und Räsonnement, ihres Gegenstands kaum mehr eingedenk.

»Alte Germanistik« meinte: Sprachgeschichte und Kenntnis der altüberlieferten Literatur-Denkmäler von den Glossen (um 800) an bis etwa zu Luther. Die »Neue Germanistik« aber verhieß dem Studienwilligen die Beschäftigung mit jenen Namen und Werken, die recht eigentlich Gemüt und Sinn schon zur Schulzeit bewegt hatten und das Fach »Deutsch« so manchem zum Lieblingsfach machten. Dass die Erarbeitung aber der geschichtlichen Dimension wie der handwerklichen Eigentümlichkeit von Dichtung in all ihren Provinzen oftmals den Bewegungen des Gemütes nicht nur nicht entgegenwogt, sondern ihm sogar Widerstand leistet, gehört zu den oft bitteren Erfahrungen, die Mitgift eines »schöngeistigen« Gegenständen gewidmeten Studiums sind. Diese Enttäuschung konnte einen Seelensturz zur Folge haben, der so manchen Studierenden traumatisiert hat, – und andere schätzen sich glücklich, zur rechten Zeit noch den rettenden Boden einer anderen Disziplin tapfer betreten zu haben.

Übrigens habe ich noch Professoren erlebt (Wesle und Kienast und Pretzel zählten zu ihnen), die sich der Anerkennung einer Zweiteilung der Germanistik verweigerten, wie sie etwa seit Wilhelm Scherer, also seit Ende des 19. Jahrhunderts, Realität war. Es war

Wilhelm Scherer, der der »Neuen Germanistik« akademische Würde und wenn nicht Autonomie, so doch
den Anspruch eines eigenen Fachs gegeben hat. Scherer, der, von den alten Denkmälern ausgehend, eine
Geschichte der deutschen Literatur von den Anfängen
bis Goethe schrieb: die letzte nur aus den Quellen
geschöpfte und noch heute mit Nutzen zu lesende
Darstellung, – so alt sie auch ist, nämlich nahezu
130 Jahre … Denn es ist ja die nicht leicht zu bewälti-
gende Eigentümlichkeit dieses Fachs und der anderen
Philologien, dass eigentlich Neues nicht zu entdecken
ist, die Materie ist im Wesentlichen bekannt und auf-
bereitet, – das »Neue« kann nur liegen im immer
neuen Verstehen und der beharrlichen Infragestellung
des Altbekannten. Die Sache selbst bleibt stabil, sie
ändert sich indessen durch die jeweils mit neuem
Methodenansatz und neuem Theorieanspruch einher-
gehende Zuwendung.

Germanistik also war mit dem Blick auf das
Examen als Doppelhauptfach zu studieren. Blieb
immer noch die Pflicht, ein Nebenfach zu wählen und
sich in ihm zu bewähren. Ich experimentierte mit den
Stoffen und also mit mir, probierte meine Möglichkei-
ten aus in der Philosophie und der Anglistik und der
Kunstwissenschaft und der Geschichte, ohne doch
Fuß zu fassen und Hand anzulegen, – und fand eine
Form der Befriedigung, die fast die Höhe eines
Glücksgefühls einnahm in der Klassischen Archäolo-
gie. Die damals in Hamburg vertreten wurde durch
den Professor von Märklin, dem es gelang, den hoch-

fahrenden Atem der stolz-starren *Kouroi* und der menschenbunten Szenen der schwarz- und rotfigurigen Vasenmalerei zu drosseln, bis nur noch das erdverhaftete Detail übrig blieb. Immerhin aber habe ich ihm einen ersten Zugang zum Kosmos der antiken Kunst zu danken, – mehr Dank noch aber schulde ich seinem Nachfolger Kleiner, der mich, obwohl wir einander kaum kannten, mit der feinsinnigsten Noblesse und Fairness durch das Prüfungsgespräch des Rigorosums führte. Die Klassische Archäologie fasziniert mich heute noch, weil sie die Betrachtung des Schönen verbindet mit dem *Sensus historicus*, mit dem Handwerklichen der Ausgrabung und mit der Strenge der philologischen Kompetenz: Ohne solide Kenntnis der alten Sprachen darf man nicht hoffen, in ihr heimisch zu werden. Das empfundene Schöne wird zur erkannten Ordnung, die gefühlte Emotion zum verstandenen Begriff.

Aber ich war nun in der Germanistik schon allzu fest verwurzelt, als dass ich eine Verlagerung meiner professionellen Interessen hätte erwägen dürfen. So wenig die souveräne Figur des großen Bruno Snell mich hatte zur Klassischen Philologie ziehen können.

Die »Neue Germanistik« vertrat Hans Pyritz. Jener Pyritz, dessen Lehrveranstaltungen ich schon 1943 in Berlin besucht hatte, flüchtig allerdings nur, den Umständen entsprechend. Er brauchte jetzt nicht mehr den strammen Deutschen Gruß zu exekutieren, den er damals so forsch beherrschte, und ohnehin war er wohl nicht handfest verwickelt in das nunmehr abgeschüttelte – uns abgenommene – NS-System, – anders er nicht hätte den Hamburger Lehrstuhl wahrnehmen können. Er war ein guter Kenner der klassischen Epoche, sein Buch über Goethe und Marianne von Willemer, heute vergessen, hatte ihm gewisse akademische Reputation eingebracht. Bar aller Souveränität, bar allen Humors und bar aller Selbstironie, gab er mit schleppender und ein wenig weinerlich klingender Stimme weiter, was er gelernt hatte. Und das war viel: vom späten Mittelalter über den Petrarkismus und das Barock bis hin zu Goethe und dessen »gegenklassischer Wendung«. Man achtete seine sachliche Kompetenz und beachtete sein von Eitelkeit gespeistes Distanzbedürfnis, man respektierte ihn, aber niemand hat ihn verehrend bewundert, niemand ihn geliebt. Früh schon endete sein Leben, mit 52 Jahren beugte es sich einer unheilbaren Krankheit.

Das Rigorosum bei ihm verlief freundlich wenn auch spröde, und es fiel ein Raureif auf den Abschied, der bis heute nicht gänzlich wegtaute. Denn er entließ mich mit den Worten: »Bisschen mehr hatte ich erwartet.« Und ich wurde und werde das Gefühl nicht los, dass dieser Einwand seine Berechtigung hatte …

Das Studium endete mit der Promotion zum Dr. phil. in den Fächern Germanistik und Klassischer Archäologie. Nicht mit dem höchsten Prädikat, nicht also *summa cum laude*, sondern mit dem darunter, also *magna cum laude*. Was ich damals wie heute als gerecht empfinde, meine Dissertation befasste sich mit allzu vielen Mediokritäten (nämlich den Übersetzern mittelhochdeutscher Lyrik im 19. und 20. Jahrhundert), und auch was die Fertigkeiten im Mündlichen betraf, konnte man von mir – siehe Pyritz – vielleicht ein wenig mehr erwarten.

Noch in der Nacht nach dem letzten Rigorosum stieg ich in den Zug nach Heidelberg (zum ersten Mal in einem Schlafwagen). Denn wenige Monate zuvor war der Heidelberger Ordinarius der Altgermanistik Richard Kienast bei seinem ihm seit gemeinsamen Berliner Jahren verbundenen Freunde Ulrich Pretzel zu Besuch gewesen, – des großen Projektes eines Mittelhochdeutschen Wörterbuchs und der Ausübung des intensiven Skatspiels halber (der dritte Mann war der gleichfalls der Berliner Schule entstammende Germanist Erich Henschel). Und hatte bei der Gelegenheit nach einem einigermaßen ausgereiften Schüler gefragt, den er als Assistenten einzustellen beabsichtige. Pretzel schlug ihm Stackmann und mich vor, – da er aber Stackmann für sich vereinnahmte, fiel Kienasts Wahl auf mich. Und rühmend und dankbar ist zu vermerken, wie ohne alle weiteren Umstände dieser Vertrag begründet wurde: ohne jegliche Befragung und Examination und lediglich durch Handschlag. Obschon ich nicht nur nicht Skat spielen (trotz vierjähriger Soldatenzeit), sondern auch nicht versprechen konnte, diese Kunst in späteren Jahren zu erlernen.

V. Wissenschaft als Beruf

HEIDELBERG 1949–1958:
ASSISTENT UND PRIVATDOZENT

Am 15. Mai 1949 in der Früh kam ich in Heidelberg an.

Alt Heidelberg du feine …

Über die Stadt – der Vaterlandsstädte ländlich schönste – hier kein Wort, – oder nur so viel: Hölderlin hat übertrieben. Aber wahr ist, dass der Ort sich aufs Schönste in eine teils liebliche, teils herbe Landschaft einschmiegt, umringt von den Bergen des Odenwalds und geadelt vom Neckar, – denn jede Stadt wird geadelt, wo Wasser an ihr teilhat: vom Meer, vom Fluss, vom See.

Die Stadt, ihre Häuser und Straßen wären schön, hätte Mélac sie nicht 1689 mitleidlos zerstört in seines Königs Ludwig landgefräßigem Dienst. So blieb nur Weniges vom würdigen Alten, und was hinzukam, machte kein würdig Neues. Aber die Alte Brücke in ihrem anmutigen Bogen, dazu ihr Turm (in dem jahrelang nach dem Architekten Steinbach der Lyriker und kluge Rundfunk-Redakteur Gert Kalow wohnte) sind liebevollen Angedenkens wert.

Es ergab sich zudem gewissermaßen natürlich, dass der romantisch umsungenen Neckarstadt allgefälliges

Wesen die Lust der Kommunikation förderte, das Vergnügen am gehobenen Gespräch, und sich mannigfach Zirkel bildeten, die mit einem Vortragenden diskussionsfreudig erste und letzte Dinge debattierten. Wie der Struktur dieses Gemeinwesens gemäß, fanden sich hier vor allem Akademiker zusammen, Professoren und ihr familiärer Anhang, aufstrebende junge Gelehrte, auch – wo sie ein gewisses Reifestadium vermuten ließen – Studierende der jeweiligen Fakultäten. Den vornehmsten Rang unter diesen Kreisen nahm der von Marianne Weber – und um sie – gebildete ein. Hier verwaltete sie das Erbe des großen Mannes und versuchte seines Geistes Ausstrahlung lebendig zu halten durch die regelmäßigen Sitzungen in ihrem würdigen und geräumigen Haus am Neckar. Hierher eingeladen zu werden mittels einer kargen Postkarte galt als Ehrentitel. Auch mich traf diese Auszeichnung bald nach meinem Dienstantritt als Assistent der Altgermanistik, – ich machte erst meinen Antrittsbesuch, fand mich dann nicht ohne Beklommenheit zur bestimmten Stunde ein und setzte mich in die letzte Stuhlreihe des Vortragsraums. Vor mir die Crème der Honoratioren, man kannte einander und bestätigte einander die vermutbare Bedeutung. An der Spitze der Hierarchie die in ausladender Würde einschüchternde Figur des Professors Karl Hermann Geiler, der nach dem Kriege hessischer Ministerpräsident gewesen war. Es folgten Geheimrat Alfred Weber, Professor Alexander Rüstow, die Theologenbrüder Bornkamm, der Alttestamentler vom Rad, der

Romanist Gerhard Hess, der Neutestamentler von Campenhausen ... Labung des Geistes war hier angesagt, deren Dignität den Verzicht auf leibliche Nahrung zur unbefragten Selbstverständlichkeit machte.

In gehöriger Andacht folgte man dem Vortragenden auf seinen Gedankenbahnen, soweit man vermochte oder wollte, – und dann kam der bedrohliche Augenblick der Prüfung. Die alte Dame stand auf, nein, erhob sich, und mit dem Pfeil ihres Zeigefingers stieß sie die Diskussion an. Nicht etwa eine Wortmeldung abwartend, sondern die Namen gemäß der Reihenfolge der gesellschaftlichen Prominenz aufrufend. Die Formel war rituell: »Herr Geheimrat Weber, was haben Sie uns zu diesem Vortrag zu sagen?« Man konnte, schien es, dem Reglement nicht entgehen, der Zeigefinger nagelte fest, – und nach den in der Regel zustimmenden und allemal die eigene Kompetenz andeutend hervorhebenden Korreferaten der berufenen Aufgerufenen kam schließlich unabwendbar die Reihe an mich: »Was haben Sie uns zu diesem Thema zu sagen, Herr Doktor Wapnewski?« Das war der Augenblick der Bestätigung und Bewährung, und ich erlaubte mir, was wohl in diesem Kreise noch nie vorgekommen war, ich sagte mit tapferer Entschiedenheit (und wahrheitsgemäß): »Nichts, gnädige Frau ...!« Es verschlug der rüstigen Greisin nahezu die Sprache, – sie respondierte scharf: »Nichts? Das ist aber schade!«, und dieses »Schade!« war das Ende meiner Beziehung zu dem geweihten Hause und Kreise.

Doch auch das akademische Leben hatte in Heidelberg seine eigene Form – und der Wissenschaftliche Assistent P. W. erhielt seinen Ort in der alten Ordinarienuniversität. Der er lebenslang anhing, – in Teilhabe oder Erinnerung. Jeder Ordinarius (ich rede hier nur von den Geisteswissenschaften, in den anderen Fakultäten lagen die Dinge gemäß den ihnen eigenen Umständen zum Teil anders) hatte seinen Assistenten (oder deren auch mehrere). Der war ihm attachiert, arbeitete ihm zu, unterstützte seine Forschungstätigkeit, war ihm aber vor allem nützlich und notwendig auf dem Felde der Lehre. Indem er Referate vorkorrigierte, auch Staatsexamensarbeiten oder Dissertationen. Und regelmäßig am Oberseminar seines Chefs teilnahm, Studenten beriet, Texte vorbereitete für die Klausuren der Examina. Darüber hinaus machte er die ersten Schritte auf das Katheder und war beauftragt mit der Abhaltung von Proseminaren und Einführungsübungen. Maß und Art der Belastung des Assistentenamtes hing durchaus ab von Charakter und Temperament des Ordinarius. Es sprach sich Schlimmes herum, Ausbeutung und Demütigung des Assistenten betreffend durch einen herrischen und eigensüchtigen Chef, – das ging bis zur Ausnutzung für durchaus persönlich-private Zwecke. Dergleichen hat es gegeben, – ich habe es nie erlebt, nicht in meinem Falle, nicht im Falle der Kollegen. Vielmehr war ich einem Manne zugeordnet, der von jovialer, wenn auch autoritätsbewusster Großzügigkeit war. Und bis auf den misslichen Umstand, dass er mich – sehr selten – am Wochenende zu sich rief, um mir Briefe zu diktieren, habe ich sein Verhalten mir gegenüber nie als Attitüde der Ausnutzung erfahren. Er stand zu mir wie etwa ein Major zu seinem Adjutanten. Der Vergleich ist nicht willkürlich gewählt, denn Richard Kienast war und blieb im Grunde Offizier. Jahrgang 1892, war er aufgewachsen im alten Kaiserreich und dessen Geiste nach wie vor mit Leib und Seele ergeben. Den Ersten Weltkrieg überstand er nach Verwundung als Reserveleutnant, und es muss zugegeben werden, dass er nicht frei war von der Lust alter Soldaten, Kriegserlebnisse in der Erzählung wiedererstehen zu lassen. Aber das geschah nicht bramarbasierend. Nach dem Weltkrieg war er eine Zeit lang als Hauslehrer der Kronprinzenkinder engagiert, – und mit Stolz erinnerte er sich der »Frau Kronprinzessin«, die er nie in anderer Formulierung erwähnte.

Wissenschaftlich war er ein getreuer Spross der so genannten Berliner Schule der Germanistik, die sich herleitete aus dem Geiste der Brüder Grimm und der philologisch-editorischen Lebensleistung Karl Lachmanns und ihrer Schüler. Das ging über Müllenhoff und Wilhelm Scherer weiter zu dem am Kaiserhof gern gesehenen und Wilhelm II. auch physiognomisch ähnlichen Erich Schmidt (ein Literarhistoriker hohen Ranges, seine große Lessing-Biographie ist nach über 100 Jahren auch heute noch ein Standardwerk, und die Goethe-Philologie verdankt ihm Bleibendes). Dann sich forterbend zu dem Manne, der die Kienast-Pretzel-Generation so begeistert wie geprägt hat mit seinem nationalen (ans Chauvinistische grenzenden) Pathos, mit seinem philologisch-literarischen Furor, mit seiner offenbar ein Entrinnen aus seinem Wirkungsraum nicht zulassenden Autorität: Gustav Roethe. Er starb 1926. Aber auch sein Nachfolger Arthur Hübner war, wiewohl leiser und zurückhaltender im Naturell, dank seiner philologischen Autorität ein von den Jüngeren hochverehrter Lehrer.

Dies also der Stall, aus dem Pretzel und Kienast kamen. Und der ihnen eine stolze wissenschaftliche Heimatadresse war. Was nun den Niederschlag ihres Wissens und Könnens in der gedruckten Wissenschaft angeht, die allein entscheidet über das Renommee des Gelehrten in der Geschichte seines Faches, so muss man beiden leider eine nur begrenzte Wirkung nachsagen. Pretzel, der als der begabteste der Roethe-Schüler galt, verstreute sein eminentes Wissen in der Publizierung von vielen Einzelheiten unterschiedlichen Gewichts, denen es doch am einenden Band gebrach. Vor allem scheiterte er an dem von ihm selbst angestrebten großen Projekt einer Darstellung der Geschichte der Germanistik. Niemand kam ihm gleich in der Fülle intimsten Wissens über Werke und Gestalten, niemand hätte so kompetent wie er die Wurzeln und das Wachsen und Gedeihen dieses Faches darstellen können von den frühromantischen Anfängen bis an die Grenze des 20. Jahrhunderts. (Nicht weiter freilich, denn die Degeneration des Fachs zu einer völkischen, einer der Ideologie des nationalen und nationalistischen Zeitgeistes hörigen Wissenschaft wiederzugeben wäre ihm nicht möglich gewesen.)

Anders Kienast: Wo Pretzel sein Wissen ausstreute und verstreute, hielt Kienast es sparsam zurück. Das Volumen seiner Publikationen ist karg, er beherrschte das Handwerk insofern, als ihm die alten Sprachen, als ihm auch die germanisch-deutschen Sprachdenkmäler geläufig waren, aber er versagte sich jedem geistvollen Gedanken, jeder erhellenden Idee im Vollzug seiner Betrachtung des altgermanistischen Literaturschatzes. Seine Kollegs lehnten sich an die seiner Berliner Lehrer an, er hielt sie, indem er mit markig-sonorer Stimme ablas, was er mit sorgfältiger Handschrift dem Manuskript Wort für Wort anvertraut hatte. Und so oft ich auch eine seiner Vorlesungen besucht habe (er hielt es für meine Assistentenpflicht, ihnen beizuwohnen, ich nutzte die Chance in der Verborgenheit der letzten Hörsaalreihe zum Briefeschreiben), so weiß ich doch, dass er niemals nach dem begrüßenden Klopfen des Auditoriums anders begann als mit den Worten: »Ich fahre da fort, wo ich zum Ende der letzten Stunde stehen geblieben bin …«

So verzichtete er denn darauf, den Stempel seines Geistes der Materie seines Faches spürbar einzuprägen. Seine Häuslichkeit, die familiäre Atmosphäre war gewissermaßen epigonal-fontanisch. Denn er war ihr poetischer Hausgott, dieser Fontane, den sie französisch aussprachen, seine Frau und er und die Söhne Dietmar und Burkhard: also mit nasaliertem o:

»Fõntan« ... Weil der Dichter es angeblich selber so gehalten habe.

Man mag, wenn man das große Wort nicht scheut, es als eine persönliche Tragödie empfinden, dass dieser Mann, der »au fond« (eine seiner Lieblingsformeln) redlich war und gutmeinend, aufgrund der Starre seines Charakters sich mit aller Welt überwarf. In der Fakultät war er allmählich gänzlich isoliert, er besuchte entgegen seinen Amtspflichten keine ihrer Sitzungen, so wie er auch die Heidelberger Akademie der Wissenschaften im Zorn verlassen hatte. Die Atmosphäre im Germanistischen Institut war peinlich vergiftet durch den Dauerstreit zwischen ihm und dem Kollegen der Neueren Abteilung, Paul Böckmann. Ein Zwist, dessen Ursprünge niemand mehr ergründen konnte. Und natürlich waren vor allem die beiden Assistenten die Leidtragenden dieses Zerwürfnisses, die sich ja verantwortlich fühlten für die Geschlossenheit des Instituts zugunsten der Studierenden. Was den beiden Chefs nicht gelingen wollte, gelang ihren beiden Assistenten ohne jeglichen Krampf: Walter Müller-Seidel und ich kooperierten in reiner Eintracht, einander in Achtung freundschaftlich verbunden, – und wo es nötig war, da konspirierten wir auch gemeinsam wider die störrische und unbelehrbare Obrigkeit.

Das väterliche Wohlwollen, das Kienast mir bei aller Wahrung des durch Autorität gebotenen Abstands schenkte und das seinen Ausdruck auch fand in nicht wenigen Gläsern gemeinsam genossenen

Weines in einer der reizvollen Heidelberger Wirtschaften, auch in freundlichen Tee-Einladungen zum Sandkuchen (vom Hausherrn nicht ohne Grund »Würgeengel« genannt) in die mit dem gewichtigen bürgerlichen Mobiliar der Jahrhundertwende dunkel bestückte Wohnung, – diese von humaner Kultur bestimmte Beziehung verlor beinahe ihre menschliche Grundlage im Verfolg des Habilitations-Verfahrens, das zu scheitern drohte als Folge der erwähnten Streitigkeiten der beiden Lehrstuhlinhaber.

Die Aufzählung der Assistentenpflichten entbehrte eines wichtigen Kapitels. Wenn nämlich der Assistent, durch eigenen Ehrgeiz und das Urteil der Erfahrenen und Verantwortungtragenden ermutigt, die Universität, also die wissenschaftliche Laufbahn zu seinem Berufsziel zu wählen die Courage hatte, dann bedeutete das vor allem eines: Neben der Erledigung der Assistentenpflichten, über oder unter ihnen, sich einer Aufgabe zu widmen, deren Ergebnis eine »die Wissenschaft in bedeutendem Maße fördernde« Schrift zu sein hatte, – einer Dissertation spürbar überlegen an gelehrtem Inhalt und bedeutender Perspektive.

Zum Institut der Habilitation

H ier mag der Ort sein, ein Wort zu sagen zu Sinn und Wert der Habilitation, die in der deutschen Universität zum Status des Universitätslehrers führt und ihm die *Venia legendi* für die Vertretung seines Faches verleiht. Eine Institution, die seit dem Aufruhr der Studenten, seit etwa 1970 also, und seit der Einrichtung der Gruppenuniversität beharrlich in Frage gestellt und vereinfacht wird.

Ich sehe in diesen Anfechtungen vor allem einen Aufstand der Mittelmäßigkeit. Denn in der Tat handelt es sich hier um eine gemäß alter Tradition nicht leicht zu nehmende Barriere, deren glückliche Überwindung als Zeichen der Bewährung und begründeter Zukunftshoffnung gelten darf.

Ob die der Fakultät eingereichte Schrift nach Thema, formalem Niveau und gelehrtem Ertrag den von der Idee und der Praxis der Universität geforderten Ansprüchen gerecht wird, bestätigen (oder verneinen) die Fachgutachten zuständiger Experten. Nach ihrem Ja wird der Habilitand vor die Fakultät geladen, um ihren versammelten Mitgliedern einen Vortrag zu liefern, ausgewählt aus drei von ihm angebotenen Themen. Es schließt sich ein Kolloquium mit den

Fakultätsmitgliedern an, das die Kompetenz des Habilitanden bestätigt (wie auch die der fragenden Professoren). Der Prozess fand herkömmlich sein krönendes Ende in einer Probevorlesung, die vor allem die pädagogische Befähigung erkunden und bestätigen sollte, – aber seit langem schon achtet die Universität diesen didaktischen Bereich gering. Zu ihrem Schaden, denn so fragwürdig es scheinen mag, wenn an dieser Bedingung das ganze Verfahren scheitern sollte, so bleibt doch unbestreitbar, dass die Forderung der »Lehre« unerfüllt bleibt, wenn der Lehrende sich schwer tut mit der Umsetzung seines gelehrten Wissens in die eingängige Formulierung. Da wird er, nach Worten suchend und Hilfe anstrebend vom abzulesenden Manuskript, den Bedürfnissen der lernbegierigen Studierenden nicht gerecht. Die Zeugen sein wollen eines gelungenen oder gelingenden Denkprozesses.

So das »Verfahren«, das schon zu meiner Zeit abgemildert war durch den Fortfall der pädagogischen Bewertung des Probevortrags, der nunmehr die Würde einer »Antrittsvorlesung« und den Charakter einer öffentlichen Selbstvorstellung des neuen Fakultätsmitglieds gewann.

Das System zeichnete sich aus durch eine gewisse Strenge, die Gewähr dafür sein wollte, dass nur die Besten sich den Besten zugesellten. Dagegen ist wenig zu sagen, und so habe ich denn – mitwirkend und beobachtend oder belehrt durch Berichte – nie erlebt, dass ein Würdiger gescheitert wäre. Wohl aber habe ich mancher Fakultät mehr als einmal den Vorwurf gemacht, allzu lässig geurteilt und gehandelt zu haben. Denn leicht degeneriert das Lässige zum Fahrlässigen.

Und doch: Das alte, mittlerweile längst erleichterte und verwässerte Verfahren litt an zwei peinlichen Fehlern. Zum einen waren die Habilitanden allermeist zu alt, wenn sie die *Venia* erwarben. Die vorübergehende Doppelbelastung war zu schwer und zeitraubend: hier die Forscherarbeit an der vorzulegenden Schrift; dort der professionelle Tagesdienst. Eine Vereinfachung des Verfahrens und damit Senkung des Habilitanden-Alters setzt entschieden eine Freistellung von anderen Belastungen voraus. Der andere Makel: die Bevorzugung der Insider. Wer nicht den konventionellen Weg, also die beschriebene Ochsentour eingehalten hatte, sondern von außen kam (als Privatgelehrter, aus dem Schul- oder Bibliotheksdienst), stieß vor der Front einer in sich selbst gefestigt und auch selbstgefällig ruhenden Fakultät auf sehr zögerndes, wenn nicht widerstrebendes Verständnis für seine ungewöhnliche Absicht. Und so konnte es denn gelegentlich wohl geschehen, dass der Seiteneinsteiger, der an Kühnheit des Gedanklichen, Präzision des Begrifflichen und Weite der Einsicht den Horizont der Fakultät überragte, auf sich selbst zurückgewiesen wurde. Also scheiterte.

Der große Moralist Erich Kästner hat ein solches Schicksal eindringlich dargestellt in seinem Roman *Fabian* (1931). Sein Stoff konnte sich an die Wirklichkeit halten. Auch Hofmannsthal gab seinen Plan auf, sich mit einer Arbeit über Victor Hugo zu habilitieren. Und für alle Zeit bleibt es ein dunkles Blatt in den Annalen der Philosophischen Fakultät der Universität Frankfurt (Main), dass sie die große Arbeit Walter Benjamins über den *Ursprung des deutschen Trauerspiels* zurückwies und damit versagte vor der Chance, sich zu ehren durch die Inkorporation dieses luziden Intellekts in ihre Gemeinschaft. (Der Hauptverantwortliche, das heißt -schuldige, war der nicht unverdiente Literaturwissenschaftler Franz Schulz.) »Nur um der Hoffnungslosen willen ist uns die Hoffnung gegeben«, dies der letzte Satz jener Schrift, die eine Habilitationsschrift sein wollte, – und viel mehr wurde. So dass dieses letzte Wort als eines von »erhabener Ironie« weiterklingt.

In diesem Sinne schreibt schon der preußische Friedrich, der Große, sich in die Angelegenheiten der von der Großmutter und Leibniz gegründeten *Societät der Wissenschaften* einmischend und voller Empörung über Voltaire'sche Intrigen, an den Präsidenten Maupertuis (18. Oktober 1752, im Original naturgemäß französisch):

»*Ach, mein lieber Maupertuis, wohin ist es mit den Männern der Wissenschaft gekommen, wenn sie nicht ruhig in die Grube fahren können, ohne, so krank sie auch sind, die Stimmen des Hasses und Neides über sich ergehen lassen zu müssen? (...) Ich hatte immer geglaubt, dass das Studium der Weis-*

heit weise machen müsse: Ich gebe zu, dass ich mich getäuscht habe. In Wirklichkeit bemerkt man in keinem Berufe oder Stande so viele jämmerliche Zänkereien, so viele verleumderische Beschuldigungen und so viele verschwenderische beredte Beleidigungen wie unter den Männern der Wissenschaft.«

Was die Alltäglichkeit der Habilitation und Habilitierung jedoch anbetrifft, so nahm in meinem Umkreis jeder Begabte die Hürde ohne peinliche Verzögerung. Wie meine Assistentenkollegen Hans Robert Jauß und Wolfgang Iser, die später zu den berühmten Häuptern der von ihnen begründeten Konstanzer Schule der Literaturtheorie aufstiegen.

Die Komplikationen in meinem Fall (und einige Jahre später in dem meines Freundes und Kollegen Joachim Bumke) hatten ihren Ursprung nur insoweit in dem »System«, als innerhalb seiner das störrische Wesen menschlicher Unzulänglichkeit sich gelegentlich allzu dreist das letzte Wort anmaßte. Um es konkret zu sagen: Der Hauptzeuge für meine Habilitation, Richard Kienast, konnte sich mit dem verfeindeten Kollegen Paul Böckmann nicht über die Formulierung des Titels der mir zu verleihenden *Venia legendi* einigen. Ein ganz und gar marginales Detail, von den beiden Opponenten kämpferisch aufgebläht zu einer Frage von Rang und Würde der Wissenschaft. Kienast verlangte für mich den umfassenden Begriff »Deutsche Philologie«, Böckmann wollte die

Beschränkung auf das Mittelalter. Der Streit verzögerte den Gang des Verfahrens um mehr als ein Semester
und führte zu jener erwähnten beklagenswerten Ent-
fremdung zwischen Kienast und mir, der ich allzu
unbekümmert meine völlige Gleichgültigkeit in Be-
zug auf die von ihm oder dem anderen behauptete
Position bekundet hatte. Die Antrittsvorlesung im
Frühjahr 1954 trug in dreister Sichtbarkeit den Stempel des Kompromisses insofern, als sie die »Roman-
tische Germanistik« behandelte: Stoff war das Mittelalter, Handlung das 19. Jahrhundert.

Um den Fall Joachim Bumke vorwegzunehmen:
Hier war das hindernde Motiv sehr viel primitiver.
Der aus Böhmen stammende, in Prag lehrende und in
den Westen geflüchtete Erforscher altdeutscher Fach-
prosa Gerhard Eis, 1955 auf Kienasts Betreiben durch
die allzu großzügige Vergabe einer so genannten Persönlichen Professur in die Fakultät aufgenommen,
ereiferte sich in unergründlichem Hass erst gegen seinen Mentor Kienast und in konsequenter Übertra-
gung dann auf dessen Habilitanden Bumke (der mein
Nachfolger als Assistent geworden war). Mit Hilfe
eines giftgetränkten Sondergutachtens (Eis war Kenner der mittelalterlichen Arzneibüchlein) versuchte er,
die glänzende Arbeit Bumkes (über den *Willehalm*
des Wolfram von Eschenbach) zu diskreditieren. Nun
war es auch hier wiederum persönliches Engagement,
das dieser persönlichen Aufwallung ihre Grenzen
wies: Arthur Henkel, seit 1958 Ordinarius für Neuere
deutsche Literaturgeschichte in der Heidelberger Fa-

kultät, warf sich für den Habilitanden dank sachlicher Kompetenz und persönlicher Achtung wirkungsvoll in die Bresche, – so wurde auch Bumke Privatdozent. Und wenig später an die renommierte Johns Hopkins Universität in Baltimore berufen.

Ich habe das Glück gehabt, sieben meiner Assistenten (die meine »Schüler« zu nennen ich zögere, weil ich in der liebenswerten Bezeichnung eine gewisse Vermessenheit dessen mitschwingen spüre, der sich solchermaßen zum »Lehrer« ernennt) der Habilitation zuführen zu dürfen – und nur in einem Falle gab es das ärgerliche Hindernis eines – unberechtigten – Einspruchs zu überwinden. Sie alle haben, jeder auf seine Weise, ihrer Wissenschaft Ehre gemacht. Dennoch bleibt endlich, die Szenerie dieser Erfahrungen betrachtet, der Eindruck eines Makels haften, der in diesem System dem mitbestimmenden subjektiven Einzelvotum eine unverdiente, allzu gewichtige Bedeutung zuerkennt.

Privatdozent war ich immerhin für fünf Jahre, – und ich bin dieser relativ langen Zeitspanne dankbar, die es mir erlaubte, die Vorlesungen und Übungen stofflich vorzubereiten, die ich eines Tages als Ordinarius in erweiterter Form würde halten müssen und dürfen.

Nun handelte es sich in diesen Jahren freilich nicht um eine Phase der gemächlichen und eigenmächtigen Befassung mit der gewählten Materie. Es kam sehr bald mancherlei Bewegung in dieses scheinbar statische Stadium. Nachdem ich die Leitung des *Collegium*

Academicum – einer studentischen Wohn- und Lebensgemeinschaft – abgegeben hatte (das war 1956), lud mich die Universität Tübingen ein, den dortigen altgermanistischen Lehrstuhl, vakant durch die Emeritierung des hochgerühmten Hermann Schneider, zu vertreten. Das geschah im Leerraum, nachdem der Ruf ergangen war an den prominenten und von mir in hohem Maße geschätzten Kieler Altgermanisten Wolfgang Mohr. Der sich aus welchen Gründen auch immer nicht entscheiden konnte oder wollte und mir bis zur endgültigen Annahme drei Semester Zeit ließ, in Tübingen Vorlesungen und Seminare zu halten. Was ich mit Freuden tat, – wöchentlich zwischen Heidelberg und Tübingen hin- und herreisend, – nicht zuletzt wegen der sehr unbefangen-freundschaftlichen Umgangsmöglichkeiten mit den Tübinger Studenten, denen ich nicht durch eine hierarchische Barriere entrückt war. Unter ihnen mancher, der später in der Universität Karriere machte wie Wolfgang Harms, – oder außerhalb ihrer wie Hellmuth Karasek und Rolf Michaelis.

Kaum wieder »privat« in Heidelberg heimisch, erreichte mich, sehr überraschend, die Einladung der Harvard University, an ihr ein Gastsemester lehrend zu verbringen.

Damit war ich angekommen an der folgenreichsten Station meines akademischen Lebens. Und ich verdanke Harvard mehr als jeder deutschen Universität. Denn diese weltberühmte, bewunderte und beneidete, an Gelehrsamkeit und materiellen Schätzen reiche, ja überreiche Hochschule entdeckte – nach wie vor ist mir unklar, auf welche Weise – den Heidelberger Privatdozenten, der sich, nach einer unbedeutenden Dissertation, lediglich ausgezeichnet hatte durch seine von der gelehrten Welt mit Wohlwollen akzeptierte Habilitationsschrift über den *Parzival* des Wolfram von Eschenbach; wie überdies durch diesen oder jenen wissenschaftlichen Aufsatz. Der Lehrstuhl der Alten Germanistik war durch Taylor Starck eindrucksvoll besetzt gewesen über Jahrzehnte hin und Harvards würdig. Nun war er vakant nach Starcks Emeritierung, und die Lücke konnte vorübergehend befriedigend gefüllt werden durch den Gast aus Europa. Der sich keinen Augenblick vermaß, *cum spe succedendi*, wie die universitäre Fachsprache es formuliert, eingeladen zu sein. Sondern eben als aushelfender Besucher …

Ein Semester in Harvard
(1958/59)

Ausgangspunkt war Hamburg, die altvertraute Stadt, in der Caroline und ich unsere gemeinsame Studienzeit verbracht hatten. Zwar fühlten wir uns, Abschied nehmend, nicht als Auswanderer, empfanden es aber doch als passend, nach Vorväterart das große neue Land mit dem Schiff anzusteuern. Einem Frachtschiff, eher klein als groß, das den Vertrauen einflößenden Namen *Transatlantik* trug. Eingerichtet für die zusätzliche Mitnahme von etwa einem Dutzend Passagieren in geräumigen Kabinen. Mit ihnen, den Mitreisenden, platzierte man sich zu den Mahlzeiten um einen runden Tisch und vertrug sich im Sinne freundlicher Distanz. Wir sollten nach acht Tagen in Boston an Land gehen, – daraus wurde nichts, denn ein lang anhaltender Sturm trieb uns nördlich ab. Die Möbelstücke rutschten in der Kabine rhythmisch über den Teppich, und vom Tisch fiel in Kaskaden das Geschirr, jeder Schritt verlangte nach einem Halt, und die Qualen der Seekranken waren mitleiderregend. Wenn ich nächtens ein Stück hochkletterte über die Brücke, dann sah ich schwarze Gischt in ungeheuren Bergmassen sich auf uns zuwälzen, Meer und Horizont gingen ineinander über, – und unser Schiff, das sich nur mehr wie ein Schiffchen ausnahm, behauptete sich rollend und stampfend gegen entfesselte Urgewalten. Und da die Küche ausfiel, gab es in den letzten drei Tagen auch kein warmes Mahl mehr. Drei Tage, das war die Verzögerung, mit der wir endlich an Land gingen, und zwar nicht wie geplant im nordamerikanischen Boston, sondern nördlich abgetrieben im kanadischen Québec.

Nun ist von einer schlichten Wundertat zu berichten. Sie gehört Reinhard Lettau, der damals noch kein prominenter Schriftsteller war, sondern gereifter Student. Um es genauer zu sagen: Er war in Heidelberg einer meiner Seminarteilnehmer gewesen, und wir waren uns freundschaftlich nahe gekommen, zumal uns nur die relativ geringe Altersspanne von sieben Jahren trennte. Damals gelang es mir, für ihn und seinen Kommilitonen Reinhard Paul Becker ein Harvard-Stipendium zu erwirken, der Großzügigkeit der Firma Freudenberg im benachbarten Weinheim zu danken. Ich hatte mich nicht für Unwürdige eingesetzt, beide wurden eines Tages Professoren der Germanistik in Kalifornien beziehungsweise in New York, und nicht nur Lettau, sondern auch Becker reüssierte als Poet, – dank seiner esoterischen gedankenschweren (aber nicht enigmatischen) Gedichte und Übersetzungen.

Lettau nun war mittlerweile in Harvard zum *Teaching Fellow* avanciert und hatte die Nachricht von unserem Kommen derart freudig aufgenommen, dass er uns die Abholung am Hafen von Boston zusicherte. Dann aber kam der Sturm und hob Zeit und Raum auf. So telegraphierten wir ihm aus Gischt und Wogen die verzögerte Ankunftszeit und den erheblich geänderten Ankunftsort. Mit der Bitte, diese Informationen unseren Harvard-Gastgebern zu übermitteln, – keinen Augenblick vermutend, dass Lettau sich unverdrossen an das Abholungsversprechen halten würde. Aber Lettaus Treue war so großzügig wie die Dimension der Landschaft dieses Kontinents, und so fuhr er denn in seinem VW eine Nacht und einen Tag und stand am Pier in Québec, als wir mit unserem Gepäck ausgeladen wurden …

Die Fahrt nach Süden gab uns eine erste vorläufige Ahnung von der so oft bekundeten und schier grenzenlosen Weite dieses Landes. Wir fuhren und fuhren bis zum Abend, und nach der Einquartierung in einem Motel in dem Städtchen New Brunswick machten wir uns auf den Weg zum erstbesten Restaurant, was der Erwähnung kaum wert wäre, ereignete sich nicht in diesem Augenblick etwas, was wiederum den Rang des Wunderbaren, jedenfalls des ganz und gar Unglaubwürdigen für sich reklamieren muss. Etwa sieben Jahre zuvor nämlich hatten wir in Heidelberg einen amerikanischen Studenten ins Herz geschlossen, der so intelligent wie proper wie wohlerzogen war. Peter Batchelder sein Name. Nach seiner Rückkehr in die heimatlichen USA hatten wir nie wieder von ihm gehört. Nun aber geschah das Absurde: An diesem Abend im September 1958, nachdem wir kaum USamerikanischen Boden betreten hatten, nannte in einem Steakrestaurant inmitten speisender Gäste eine Stimme halblaut den Namen: »Doktor Wapnewski?« Das war die Stimme Peter Batchelders ...

Der getreue Lettau und sein braver VW, sie lieferten uns am nächsten Tag bei Mrs. Katz ab. Der Vermieterin der kleinen Wohnung in einer winkligen freundlichen Straße des berühmten Cambridge/Mass. Die Straße hieß Shepard Street und war so idyllisch wie ihr Name. Anderthalb Zimmer, Küche, Bad. Und Gérard Schmidt, Assistant Professor am German Institute, lieh uns das zweite Bett.

Harvard hatte damals vier Full Professors, also Ordinarien für das Fach der deutschen Literatur, dazu den vakanten Lehrstuhl der Alten Germanistik. Head of the Department war Henry Hatfield, ihm zur Seite: Jack Stein, Stuart Atkins und – einziger Deutschgeborener und Immigrant – Bernhard Blume. Sie alle hatten sich durch wichtige, zum Teil bedeutende Leistungen eingetragen in das Buch der germanistischen Wissenschafts-Annalen. Hatfield vor allem als feinsinniger Interpret der Dichtung Thomas Manns, Atkins und Blume der Goethe-Forschung zugewandt, Jack Stein als Deuter Richard Wagners.

Sie alle vier und viele andere mehr breiteten die Arme aus und hießen die Fremden willkommen in der Tradition jener Gastfreundschaft, wie sie der sozialen Offenheit, der liberalen Gastgebertradition und der materiellen Großzügigkeit dieses reichen (und widerspruchsreichen) Landes und seiner Geschichte entspricht. Wir wurden überhäuft mit Lunch- und Dinner-Einladungen, *in honour of* ..., entweder also uns zu Ehren oder zu Ehren eines der vielen anderen, die an- und durchreisten, Abschied nahmen und vielleicht wiederkamen. Dazu zahllose Party-Termine, – und bald wurde merkbar, dass es nicht nur um konventionelle Höflich- und Freundlichkeiten ging, sondern auch darum, behutsam festzustellen, ob wir zu Harvard »passten«. Was zu beurteilen natürlich auch den Studenten oblag, mit denen ich das *Nibelungenlied* erarbeitete und die Lyrik des Mittelalters. Unterschiedlich gestuft in Niveau und Ergebnis, je nachdem, ob man es mit Undergraduates zu tun hatte oder mit schon bewährten Studenten, Graduates oder Postgraduates also. Mit denen wir bald in der Form unbefangener Freundlichkeit und gar Freundschaft umgingen wie sie mit uns; die Arbeit mit ihnen hatte etwas Leichtgängiges, auch gar Beschwingtes, wie ich es aus Deutschland nicht kannte, – was natürlich auch zusammenhing mit dem Luxus der kleinen Zahl: Ich hatte es mit nicht mehr als etwa zwanzig Hörern oder Teilnehmern zu tun, – es sei denn bei einem der offiziellen Vorträge, die das Institut von Zeit zu Zeit anberaumte und in deren Reihung auch ich eingeordnet wurde.

Ein hübsches Beispiel für den allenthalben spürbaren Geist sportlicher Fairness lieferte mir ein junger Undergraduate. Ich ließ – gemäß Institutsordnung – eine Klausur schreiben, und was schrieb Joseph B. Dallett statt eines Fragezeichens (oder der richtigen

Antwort) auf die Zeile nach dem fordernden Doppelpunkt? »You have got me ...«

Wir lernten sie auf zwanglos-legere Weise oder auch in der gedämpften Gemessenheit des großen Abendessens (Steak oder Truthahn) kennen, wenn das alte Silber auf den Tisch kam und die Kerzen flackerten in kostbaren Leuchtern und das alteuropäische Erbe zeichenhaft gefeiert wurde in New England, – so also lernten wir sie kennen und sie uns: Den Romanisten Diekmann und den Anglisten Harry Levin, den Wirtschaftswissenschaftler John K. Galbraith und den Germanisten Egon Schwarz (eines sehr viel späteren Tages fand ich mich mit ihm vereint in der »Deutschen Akademie für Sprache und Dichtung«), und wir machten dem alten großen Werner Jaeger unseren Besuch, dessen *Paideia* uns wie alle unsere Generationsgenossen belehrt und berührt hatte.

Diese Begegnungen mit den Gelehrten kannten aber in der Regel nicht die Übung des angestrengten Tiefsinns. Will sagen, die gesellschaftliche und gesellige Kommunikation mied, ja perhorreszierte die grübelnde Innerlichkeit des gedankenbeschwerten Diskurses. Eben jenes, den man in Deutschland ehrt, indem man ihm die beklemmende Prädikatisierung eines »guten Gesprächs« verleiht. Die Tiefe offenbart, wie man in der Tradition der angelsächsischen Konversation weiß, nur allzu leicht Flachheit und Peinlichkeit; ihre Schätze behalte man für sich und mache deutlich, dass die Oberfläche ihren Glanz der Tiefe verdankt.

Unvergesslich, wie wir die aparte Sonderung des Privaten vom Professionellen kennen lernen durften. Wir hatten Isabell und Deborah zum Tee geladen, zwei bezaubernde Nymphen aus großer Familie, 17 und 19 Jahre alt, und ihre Namen lauteten vereinfacht »Ibby« und »Debby«. Ibby nahm die Gelegenheit wahr, den Mediävisten nach einigen Gestalten aus der fremd-unheimlichen Welt des Mittelalters zu befragen, – und wurde von Debby so sanft wie entschieden zurechtgewiesen mit den unvergesslichen Worten: »Ibby, it's not school hour, it's social hour!«

Das große Harvard war tief und präsentierte seine Tiefe auch in seinen weit verbreiteten Dimensionen. Der Campus ein gegliedertes Parkgelände, zum Wandeln einladend wie einst Platons Akademie-Hain, und dicke graue Eichhörnchen genossen Brotbrocken und Freiheit auf Wiese und Bäumen. Die Sonne schien, und der imposante Professorenkollege Stuart Atkins kam uns grüßend entgegen, das heißt, er hob leicht den Zeigefinger der rechten Hand, die Geste begleitend mit den Worten: »Great day today …!«, – Recht hatte er, und war vorbei.

»Good morning: Harvard«, so meldete sich konsequent die Telephonzentrale, – und bezeugt auf die simpelste Weise die Großartigkeit des Unternehmens, die allein schon aus der puren Namensnennung hervorklingt.

Über alldem aber, über dem grenzenlosen Bücherkorpus der weit berühmten Widener-Bibliothek und ihren Stacks, über Campus und Partys und Vorlesungen und Seminaren, über dem Bewusstsein und Selbst-bewusstsein dieser ersten Bildungsanstalt des Landes aber schwebte als Über-Ich Name und Person des Deans: MacGeorge Bundy. Seiner wurde mit großem Respekt, fast mit Ehrfurcht gedacht, und es lag in der Logik unserer Anwesenheit, dass wir auch ihn kennen lernten: zwanglos und mit dem Martini-Glas in der Hand. Und eines Tages sollte es geschehen, dass er mich anrief mit der wichtigsten aller meine Person betreffenden akademischen Botschaften. Eines noch späteren Tages – 1961 – wurde er vom mächtigsten Mann in Harvard zu einem der mächtigsten Männer des Kontinents, also der Welt: als der »Political Advisor« seines Präsidenten Kennedy.

So lernten wir die USA kennen, – und lernten sehr bald, dass eine jede sich als Urteil gebende Aussage über dieses Land konterkariert wird durch die Gegenaussage. Und eine jede ist »richtig«.

Wir wurden herumgereicht nicht nur von Party zu Party und Dinner zu Dinner, sondern auch in benachbarte Universitäten eingeladen. So lernte ich »the other place« kennen, also Yale mit der wunderbaren Bibliothek Faber du Faurs und Telephonzellen, die gefertigt waren nach dem Modell von Beichtstühlen in gotischen Kathedralen. Und wir reisten nach New York, wo die »Modern Language Association« ihren großen Jahreskongress abhielt, eine monströse Börse, die nicht nur Vorträge offerierte, sondern auch Lehrstühle, und die das Hotel (es war der *New Yorker*) zu einer Stadt in der Stadt ausbaute.

Amerika hat uns reich beschenkt: durch das Erlebnis Harvard, durch das ungezwungene und ungekünstelte Entgegenkommen seiner Menschen, durch die noble und generöse Kollegialität seiner Professoren, durch den lockeren Respekt, wie ihn die unbefangene Zuneigung der Studenten bezeugte. So überreichten mir die Teilnehmer meines Nibelungen-Seminars zum Abschied einen Prachtband über *Early Medieval Painting*, gewidmet »with sincere thanks and deep appreciation«, unter den aufgelisteten Namen auch der von Michael Th. Mann. Er – der jüngste Sohn und Musiker, vom Familienschicksal belastet wie seine Geschwister, später Germanistik-Professor in Berkeley und im Jahre 1977 sich dieser Welt entziehend. Seine liebenswerte Schweizer Ehefrau Grit fuhr uns zum Flughafen, – das war Harvards letzter Gruß.

Vor der Einschiffung zur Rückreise hielt uns New York noch einige Tage fest. Da klingelte eines sehr frühen Morgens in unserem Hotelzimmer das Telephon, und dem mit schlaftrunkener Stimme sich Meldenden sagte die markante Stimme MacGeorge Bundys: »Doctor Wapnewski, I should like to inform you that Harvard has decided to offer you our chair of German Philology.«

Als unser Schiff (es war die *United States*, diesmal ein veritabler Passagier-Liner) den Hafen verließ und die Türme Manhattans sich auflösten im Abendnebel und das Licht der Freiheitsstatue matter wurde und schließlich verlosch, – da ahnten wir schon, ahnten mehr, als wir es wussten, dass wir nicht wiederkom-

men würden. Nicht jedenfalls als die, deren Wieder-
kommen man erhoffte und wünschte. Sondern später
einmal, als Besucher, dann und wann.

Folgt der Versuch einer Erklärung. Es war dieser
nobelsten Adresse noch nie widerfahren, dass ein Ruf
ins Leere ging. Einen Harvard-Ruf nahm man an. Und
Harvard brüstete sich mit der trotzigen Maxime: »Wir
berufen immer den Allerbesten.«

Der Beste zu sein durfte ich mir nicht einbilden.
Aber Harvard vertraute mir, und das hatte ich nicht
zu kommentieren. Das Berufungsverfahren war gemäß den dort geltenden Gesetzen umständlich, und
es war schwieriger als das der deutschen Fakultät.
Die Kommission wurde nicht gebildet aus heimischen
Professoren, sondern aus externen Koryphäen, womit
man der Forderung nach äußerster Objektivität gerecht zu werden suchte. In meinem Falle war der Vor-
sitzende dieses Berufungsgremiums Victor Lange, der
Germanist in Princeton.

Das Komitee hatte entschieden, wie Harvard es
sich gewünscht hatte. Und nun erwartete man meine
Zusage.

Aus ihr wurde eine Absage. Die mir schwer fiel,
nicht vor allem, weil mich Zweifel an dem Grundsätz-
lichen der Entscheidung peinigten. Sondern weil es
mich hart ankam, meine Harvarder Kollegen, ihre
Hoffnungen, ihr Zutrauen und Vertrauen zu enttäu-
schen, – und vor allem: ihre Freundschaft. Und es ist
wahr, dass mein Nein sie empfindlich getroffen hat.
Härter, als es zu rechtfertigen mir gelingen wollte.

Dieses Nein erklärt sich, so schwer es fiel, doch eher leicht. In jedem anderen Fach, wäre ich seiner mächtig gewesen, als Naturwissenschaftler, als Jurist, auch als Geisteswissenschaftler im Bereich etwa der Geschichte und der anderen Philologien, hätte ich kaum gezögert, der erwiesenen Ehre würdig zu entsprechen. Aber ein Germanist ist fremd in jedem anderen Land als in Deutschland. Denn diese »deutsche Wissenschaft« mit all ihren Erde und Luft und Wasser entstammenden Elementen, mit ihrer emotionalen Mitgift, mit ihrer tiefen Verwurzelung in der deutschen Geschichte (deren sie selbst ein Teil ist), mit ihren Leistungen und ihrem Versagen, mit ihrem Pathos und ihrer Verführbarkeit durch nationale und nationalistische Parolen, – diese Wissenschaft, die großen Geschichtsphasen begleitend und lebend von den Monumenten wie den Nuancen der deutschen historischen und zeitgenössischen Wirklichkeit, diese Wissenschaft bedarf, um weitergegeben zu werden, der Einbettung in den Raum ihres Ursprungs, bedarf der Aura ihres gelehrten und lehrenden Bestrebens aus dem Geiste einer ihrer selbst bewusst werdenden Nation in den frühen Jahren der europäischen Romantik.

Daraus aber schließe man nun nicht, dass ein Germanist als Forscher nicht gedeihen könnte in der Fremde. In der Widener-Library zu Harvard steht ihm eine Bibliothek auch deutschsprachiger Bücher zu Diensten, mit einem Reichtum an Beständen, der auch den mancher deutschen Universitätsbibliothek weit übertrifft. Die nicht-deutsche, die Auslandsgermanistik hat diese Wissenschaft reich befördert, – zumal im 20. Jahrhundert. So ist denn, wer Augen zum Lesen und den Kopf zum Denken und den Sinn zum Fühlen hat, auch im fremden Lande nicht verloren. Denn ihm ist das »portative Vaterland« zuhanden, das Verjagte wie Heinrich Heine oder Marcel Reich-Ranicki auch in der Vertreibung nicht zu Heimatlosen werden ließ. Sie hatten ihre Bücher, – und wenn sie ihnen materiell fehlten, so hatten sie das lebendige Gedächtnis, das aus der Erinnerung Sätze und Verse bewahrt und wieder erweckt. (Übrigens habe auch ich in den elenden Nächten des soldatischen Wachdienstes dankbar Vers um Vers und Strophe um Strophe, gewissermaßen heimfindend, rekapituliert: Hofmannsthal und George, Rilke und Platen, Brentano und immer wieder Goethe. Nein, Benn und Brecht nicht, sie waren mir noch vorenthalten. Und habe auf solche Weise, was ich verstanden zu haben glaubte, erst wirklich begriffen, das heißt mir zu Eigen gemacht.)

Hier nun die notwendige Ergänzung der Begründung des abgelehnten Rufs: Natürlich war mir klar, dass der Germanist P. W. als Forscher in Harvard hätte gedeihen können, und wer weiß, vielleicht besser versorgt und reicher belohnt als in Deutschland. Aber ich war auch Lehrer und wollte Lehrer sein. Da aber fehlte mir im fremden Land die selbstverständliche, unausgesprochene und sich genauer Beschreibung verweigernde Gemeinsamkeit der kulturellen Übereinstimmung, gewachsen aus dem Bewusstsein des Geschichtlichen, der uns auch begriffslos verbindenden historischen Kommunität. Da braucht das Verstehenwollen nicht Wissen und Bildung, so dankbar man sie in seinen Partnern entdeckt, da geht es um Nuancen des Selbstverständlichen, um Details des als ›normal‹ Empfundenen. Die durch die Poren dringt und aus ihnen; und allererst die Gemeinschaft der unpathetischen und unverkündeten geistigen Solidarität ausmacht.

Den einigenden Assoziationsraum also meinte ich in den USA nicht finden zu können, wenn ich den Studierenden ein Drama, ein Gedicht, einen Essay bis in die letzten Vibrationen der Nuance verständlich zu machen suchte. Einer der Klügsten und Wissbegierigsten, jener schon einmal erwähnte Joseph B. Dallett, behauptete einmal, es sei der alte Sagenheld Hildebrand der »Waffenmeister gewesen von Frederic the Great«. Natürlich weiß auch mancher deutsche Germanistikstudent – *pro pudor!* – nichts anzufangen mit dem alten Hildebrand (und seinem Lied), aber ihm könnte dieser wild irrende Sprung quer über die Jahrhunderte und ihre Geschichte schwerlich unterlaufen …

Was hier umständlich ausgebreitet wurde, war in mir ein kurzer Beschluss. Ich lehnte den großen Ruf ab. Und tat es wahrlich, ohne mir einzubilden, es sei mir an Harvards statt eine akademische Karriere in Deutschland gewiss. Eine Zukunft als Nicht-Ordinarius, sie schien mir nicht eben verlockend, aber ich wusste, dass und warum ich sie doch hinnehmen würde an einem Ort, an dem ich mich als lehrender Germanist zu Hause wusste.

Nachklang: Es gilt, den USA, das heißt ihren Universitäten, eine weitere Dankschuld abzutragen.

Im Frühjahr 1963 lud mich W. T. H. Jackson, der Mediävist der berühmten Columbia University in New York, zu einem Gastsemester ein, – und schenkte mir die freieste Phase meiner Lebenszeit. Eine Kurz-Epoche, versteht sich, denn der »Term« endete nach drei Monaten. Jackson war ein vorzüglicher Kenner auch der mittellateinischen Literatur, und die Wissenschaft verdankt ihm unter anderem eine gewichtige Darstellung der *Literature of the Middle Ages* (1960). Seinem Vorschlag verdanke ich auch die Wahl in die »Medieval Academy of America«, eine distinguierte Gesellschaft, an deren Leben tätig teilzunehmen die weite Entfernung Europa – USA so stetig wie misslich verhindert.

Die freieste Phase meines Lebens also. Das will sagen: Nie zuvor und nie hernach war ich so gänzlich dispensiert von irgendwelchen Pflichten beruflicher wie sozialer Natur. Meine Aufgabe war, einmal in der Woche, und zwar am Sonnabend, zwei Kollegstunden über die Lyrik Walthers von der Vogelweide zu halten. Und um 12.00 Uhr war ich frei – bis zum nächsten Sonnabend um 10.00 Uhr. Wurde dafür auch noch nobel bezahlt und hatte das Gefühl, es gehöre mir die Welt. Man kann das als eine Definition von »Glück« akzeptieren: Ich hatte keinen Wunsch, der über das

Maß dessen hinausging, das ich mir erfüllen konnte und wollte. Meine Wohnung war ein kleines Apartment in einem der Universität eigenen Gästehochhaus im Süden Manhattans. Vom Turm des Gotteshauses nebenan erklang zu jeder Stunde eine fromme Melodienfolge, mir kindlich vertraut als das Lied *Im Märzen der Bauer die Rösslein einspannt*. Und siehe da, mit diesen Klängen ging dann doch immer ein flüchtiges Heimweh-Sehnen durchs Gemüt …

Es hätte sich diese Form von Freiheit ja auch als Fesselung auswirken können: dann nämlich, wenn ich keine Möglichkeit gefunden hätte, sie zu nutzen. Ich fand sie aber, oder sie wurde mir gefunden, und wieder dank einem Glücksfall. Der Kulturreferentin des Generalkonsulats, Dr. Haide Russell, durfte ich helfen bei der Sichtung und Beurteilung von Anträgen, die einem Studienstipendium in den USA galten. Aus dieser offiziellen Begegnung wurde bald die Beziehung einer Freundschaft, und sie schloss die Freunde Haide Russells ein: Den Generalkonsul Dr. Georg Federer und seine Frau und die »Sachbearbeiterin« Christa Cooper und die vielen wichtigen und klugen und reizvollen und interessanten Menschen, die alle dem Kulturreferat und seiner Referentin zugetan waren. Denn sie gewann sie alle dank ihrem heiteren, tätig der Welt zugewandten und Lebensfreude ausstrahlenden Wesen. Hinzu kamen die Pflichten und Vorzüge der diplomatischen Profession. Ihre Position öffnete ihr die Wege in jedwede politische und gesellschaftliche Gruppe, und Bonn, also das Auswärtige Amt, wusste, was es an ihr hatte, – weshalb es sie schließlich noch avancieren und an die Botschaft nach Washington wechseln ließ.

Es wuchs mir denn auf derart menschliche Weise diese Stadt, deren ungeheure chaotische Energie, deren Weite und Größe und Tiefe und deren ungreiflich und unbegreiflich scheinender Facettenreichtum den Besucher allemal erschrecken muss und lähmen kann, sein Fassungsvermögen sprengend, – es wuchs mir diese Stadt nahezu ans Herz, so wenig sie solch emotionaler Geste zugeneigt zu sein scheint. Ich erfuhr sie weiterhin an der kundig führenden Hand erfahrener Freunde: so des damaligen Direktors des Goethe-Hauses Hans Egon Holthusen, den seine literarische und kritische Prominenz für einige Zeit zum repräsentativen Kulturfunktionär machte, und den ich mitsamt seiner liebenswerten Frau Inge und der Tochter Henriette viele Jahre später, nämlich 1981, in Berlin als Fellow des Wissenschaftskollegs nun meinerseits als Gastgeber willkommen heißen durfte.

So wurden, wenn nicht gar zu Freunden, doch gewiss zu »friends« auch Haide Russells kluge Freundin, die vor allem um Hannah Arendt hochverdiente Professorin Lotte Köhler; der Philosoph Helmuth Plessner; der Dichter Hans Sahl, der in seiner Poesie das Schicksal der Emigration zu einer existenziell beglaubigten Wirklichkeit und Wahrheit hat werden lassen: Man lese seine Romane und seine wunderbaren Gedichte (»Wir sind die Letzten. Fragt uns aus …«). Ich war stolz, ihn, als er im hohen Alter und schon erblindet war, im März 1991 zu Frankfurt am Main mit der Goethe-Medaille des Goethe-Instituts auszeichnen zu dürfen.

New York hatte noch eine andere Mitte. Jenen Reinhard Paul Becker, den ich Anfang der fünfziger Jahre an der Seite Reinhard Lettaus mit einem Stipendium versehen und in die USA hatte schicken können. Becker war inzwischen Professor of German an der New York University und blieb ein Dichter, dessen Bücher schmal, weil gewichtig waren, – und ein Freund wurde auch er. So witzig wie gewitzt, so phantasie- wie hilfreich, und von der Whiskey-Sour-Orgie mit und dank ihm blieben wir noch tagelang gezeichnet. Er hatte sich, bevor die amerikanische Universität sich seiner annahm, unter anderem über Wasser gehalten mit den *Tanzenden Gewässern*, wie er die *Dancing Fountains* übersetzte, Wasserstrahlen, die er, eine Wasserorgel kunstreich meisternd, in der Luft vor dem Abendhimmel und vor begeisterten Zuschauern akrobatisch ihre Figuren zirkeln ließ.

Beckers anmutiger Intellekt legte es mit einer Art von undogmatischer Verfremdungstechnik darauf an (wie ihm denn überhaupt alles Dogmatische fremd war und blieb), das Entrückte wirklich zu machen, das Wirkliche zu entrücken. So auch in der Großzügigkeit seiner erotischen Zuwendung, wo immer eine Frau ihrer wert zu sein schien. Das war so selten nicht. Aber schön musste sie schon sein, insofern war er in New York am rechten Ort.

Und wie sehr mir über einen kurzen Zeit- und Lebensraum New York zum rechten Ort wurde, erhellt sich aus einem unfehlbaren Indiz: Ich konnte, als wäre ich ein Bewohner dieser monströsen Stadt unter anderen, gelegentlich gefragt von Fremden nach einem Kaufhaus, einem Museum, einem Denkmal (den absurden Cloisters zum Beispiel am Rande Manhattans, das dank Rockefeller die späte Gotik in das frühe Land brachte), – ich war also in einem solchen Falle mehr als einmal gerüstet, den Weg zu weisen und eine U-Bahn-Verbindung und die der Busse korrekt anzugeben, – und das war mir ein angenehmes Bewährungserlebnis ...

Den Weg zurück ins alte Europa machte ich wie damals 1959 übers Meer. Nur die transatlantische Strecke macht die Entfernung bewusst und damit die Realität der geographischen Entsprechung des einen und des anderen Erdteils erfahrbar. Ich nahm einen der bewährten und angenehm-behaglichen Passagier-Liner der Holland-Linie, die *Statendam*, saß in geselliger Runde am Tisch mit Hanns Braun, dem geistvollen Theaterwissenschaftler aus München (Nachfolger des unvergessenen Artur Kutscher), und genoss diese Art des Reisens mit allen Fibern. Es bleibt ein Verlust, dass binnen kürzester Zeit die Flugverbindungen den traditionellen Seeweg so gründlich erledigt haben. Natürlich geht es mit ihrer Hilfe schneller und billiger, aber eine solche Seereise will ja nicht einen Punkt mit dem anderen auf möglichst praktikable Weise verbinden, sondern sie steht für sich selbst. Und schenkt das uralte Menschheitserlebnis des Ausgeliefertseins an Wind und Wogen wieder, an Sturm und Seewildheit und die Illusion der schützenden Geborgenheit auf dem einsamen Schiff. Auch hilft bei derart gemäßer Art der Fortbewegung die mähliche Umstellung der Uhr dem Zeitgefühl, sich organisch anzupassen. Und kaum ein Gefühl geht über das Wohlbefinden im Regressiven, das des leisen Gewiegtseins in der einhüllenden Kajüte über dem rhythmischen Stampfen der vibrierenden Maschinen. In Europa und in Deutschland aber, das ich über den Atlantik hinweg nun wieder ansteuerte, hatte meine eigentliche wissenschaftliche Laufbahn mittlerweile ihren noch zu schildernden Verlauf genommen ...

Der Vater Harald Wapnewski, geb. 1897 und Sohn eines Verwaltungsoffiziers der großkaiserlichen Marine, starb bereits mit 31 Jahren.

Die Mutter Gertrud, geb. Hennigs (1900–1982), schlug
aus der Art und wandte sich mit Passion dem Beruf der
Schauspielerin zu.

Der Vater, als desarmierter Seeoffizier in verschiedenen beruflichen Tätigkeiten sein Glück suchend, etwa im Jahre 1927 in einer Bühnenrolle.

Gruppenbild mit Schwester (Marianne, um 1930).

Oben: Auf der Promenade in Westerland/Sylt, Sommer 1932.

Links: Mit Schwester Marianne auf einer Buhne vor Westerland.

Oben:
Die Sexta A
der Alten
Kieler Gelehr-
tenschule
(1933). Der
Autor stehend,
2. v. l. in der
2. Reihe v. o.

Rechts:
Dieselbe Klasse
als Oberprima
1940. Der
Autor stehend,
3. v. l, oberste
Reihe.

Als Rekrut im Wald bei Sagan, Herbst 1941. Der Autor 1. v. l.

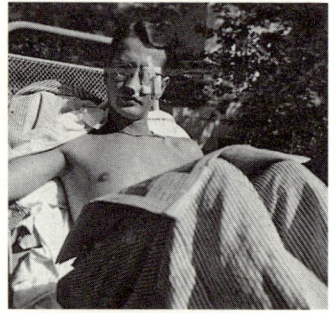

Verwundet im Lazarett,
Leisnig in Sachsen
(Herbst 1942).

Im Panzer (»Fünfzentimeter Langrohr«)
1942 vor Rostow am Don.

Der Panzersoldat als
Student des Jahres 1943.

Der Zivilist nach der
Entlassung aus dem
Wehrdienst, Herbst 1944.

Namenverzeichnis